百年記憶——

中國近現代文人心靈的探尋

蔡登山 著

前言

百年記憶

　　人有記憶，但也容易遺忘。但人事有代謝，往來成古今。在日復一日的過往，就構成所謂的歷史了。不管你參與其中，亦或你隱逸其外，都難逃其「天地之間」。而在這廣袤的時空裡，古今多少事，盡付笑談中。你可以選擇記憶，你也可以選擇遺忘，在記憶與遺忘之間，就是你的似水流年！

　　曾經有感於三〇年代以降的知識份子，尤其是作家們，他們在國是蜩螗、一黨專政之際，或怒犯君威，或因忠獲罪。他們有的因文賈禍，有的以身死諫，真稱得上「莫謂書生空議論，頭顱擲處血斑斑」。他們以「火炬」般的熱情，以畢生的生命，寫下瑰麗耀眼的詩篇，因此你看到他們煥發出鳳凰蹈火般的奪目異彩，也看到「我自橫刀向天笑」的冷眼傲世！但既然是人，人之不同，各如其面，因此就有的人曾經軟弱卑怯，他們面對矛盾與掙扎，痛苦與絕望，有的「清醒於混沌之中」，讓「思想成了蒼白、稀薄、不斷飄散而去的霧」；有的為了歌功朝聖，放棄了原本善寫人生的筆墨，終究不但扼殺了他的「文學生命」，也丟掉了他的肉體生命。

「幸有艱難能煉骨，依然白髮老書生」，你看到了曾經是叱吒風雲的陳獨秀，在飽經政治的戲弄之餘，落魄江津，重回他文化啟蒙的志業的話語。「無端狂笑無端哭，三十萬言三十年」，是胡風「因忠得咎，以直招禍」的最佳寫照。文人和政治家是兩個極端不同的職業，由於「時勢的使然」或「歷史的誤會」，使他們身陷其間，幾番潮起潮落、春去春回，有的和文學就此告別了；有的在生命的最後一程，在青燈之下，黃卷之中，尋回他的精神家園！

「人間但有真情在」，是師生之情、是男女之愛、是生死之交、是忘年之友，構成了人世間最可寶貴的精彩動人的畫面。這在目前愈來愈講究功利的社會裡，卻成了空谷足音，成了稀奇難得的事件，是時代在變？還是人心在變？風簷展書讀，古道照顏色。「人生得一知己足矣，斯世當以同懷視之」，寫盡千古知音難覓的心境；「鍾期死去哀千古，地老天荒一寸心」，道出愛在刻骨銘心的哀痛！他們之所以讓我輩動容者，在於他們是那麼相知相惜，那麼不吝付出！

歲月不居，數十寒暑彈指已過，每人都有他「不該忘卻的記憶」。十餘年來翻檢諸多史料，在這些前輩文人的生命屐痕裡，尋覓歷史的場景。在文字與影像之間，探尋他們的心靈。試圖梳理出那些被壓抑隱藏的情節，解開那些被埋在心腑而無法言宣的話語，如此我們才能逼近他們的生命，得窺他們的身影。

這些滄桑碎影，成了我生命中的一部份，遺憾的是曾在旅舍客居，行色匆匆地訪談學者專家，或在北京、上海圖書館中查得學者的論文，都因時間緊湊，未能促膝長談，論文也只能在館中匆匆一閱，如今只能憑著零碎的箚記，敷寫這些短文，文中有些觀點來自這些識

與不識的專家學者，在此一併致謝！更感謝的是傳主的家屬親人、門
生故舊，還有相關的出版社，他們的熱情可感，不吝地提供相關的照
片，讓我們「左圖右史」的構想，得以落實，為保存史料圖像盡一份
心意！！

目錄

第一章

末世獨立蒼茫

之一——劍氣簫心

中國近代詩史最重要的一位詩人——龔自珍（定庵），在鴉片戰爭的前一年，寫下「九州生氣恃風雷，萬馬齊暗究可哀！我勸天公重抖擻，不拘一格降人才。」的詩句。詩人不安又不滿於當日那種沉悶、壓抑得透不過氣的氣氛，在那無聲的時代是可悲的，他預見了時代的衰危，為此他大聲疾呼救世的人才。於是「天公」降下的人才，就在那一場令百世悲愴的圓明園火光中出現，他們以百業凋敝、遍體鱗傷的中國為舞台，進行十九世紀末最輝煌，也最悲壯的演出。而龔自珍扮演著啟蒙者的角色，正如他引以為豪的「但開風氣不為師」。

因為如此，所以從康、梁等維新人物，到南社眾詩人，乃至魯迅等「五四」文化巨匠，都對龔氏情有獨鍾，並不同程度受其濡染。康有為稱其散文為清代第一，南海的詩作也明顯地因襲龔定庵的痕跡。而黃遵憲更是步龔氏的後塵，「浸淫定庵」。他模仿龔

圓明園在英法聯軍大火中化為殘墟。

杭州龔自珍紀念館。

自珍的《己亥雜詩》寫下八十九首絕句，亦名為《己亥雜詩》。兩人雖相距一甲子，但卻思慮相接。而梁啟超在談到龔自珍及魏源對維新派的影響，他深有體會地說：「他們一面講今文，一面講經世，對於新學家，刺激力極大。我們年輕時，讀他二人著作，往往發燒；南海康先生的學風，純是從這一派衍出。」而南社詩人如柳亞子、楊杏佛諸人，更是私淑龔自珍，號稱「龔癡」。據統計，一九三六年出版的《南社詩集》中，集龔句的詩，竟有三百餘首，楊杏佛就是其中的健者。

憂道者喜其奇警，醫國者摭拾議論，狂狷者效其「不依恒格」，恃才者慕其哀豔纏綿。魯迅的好友沈尹默在〈追懷魯迅先生六絕句〉中云：「少時喜學定庵詩，我亦離居玩此奇。血薦軒轅荃不察，雞鳴風雨已多時。」少年魯迅學龔詩，注重的是挽救風雨飄搖的中國，這種崇高的愛國情懷。而郁達夫說：「江湖流落廿三年，紅淚頻揩述此篇，刪盡定公哀豔句，儂詩粉本出青

蓮。」，則是以才子自居，取其哀豔。

　　哀感頑豔與豪情壯語，該是龔詩的主要基調。而更確切、精當的描述，則莫過於他自己詩中不斷出現的「劍氣簫心」四個字。「少年擊劍更吹簫，劍氣簫心一例消。誰分蒼涼歸棹後，萬千哀樂集今朝。」龔自珍常把建功立業的政治雄心，借代稱為「劍」，而將文學創作的建樹，稱之為「簫」。晚年的這首詩，回首當年被迫辭官，遠離政治中心的京師，立功與立言的不朽盛事，已成過眼雲煙，歸舟冷落，心情蒼涼。嘉慶、道光之際，一批驚於秋聲、識在機先的知識分子，不再滿足於「為天地立心」的空談玄想，而著眼於「為生民立命」的經世務實；不再滿足於「為往聖繼絕學」的書齋生涯，而時時覬覦著「為萬世開太平」的事功機遇。詩人以劍氣俠骨，寄託心志，而「情多處處有悲歡，何必滄桑始浩歎」，詩人又以簫心幽思，抒寫奇情。「劍氣簫心」，構成詩人人生態度與人格期待的雙重境界。

劍氣簫心龔定庵。

對社會現實的思考，和對人生憂患的感悟，使得慷慨激奮的風雲之氣，與迴腸盪氣的自憐意緒，緊緊扭結在一起，形成龔詩的特色。論者指出，定庵在社會動蕩之際，所表現出的戚於飄搖的敏感，「亦狂亦俠」的風度，傷時使氣的作派，構成了一種極富魅力的人生境界和行為規範；其率性任情，歌哭無端，幽怨雜以慷慨，壯烈合以哀艷，在呼喚犧牲承擔精神，和悲涼審美識度的社會變革中，人們都沒有忘卻，這位站在歷史交替關口的詩人。

第二章

末世獨立蒼茫

之二——筆底風雷

晚清戊戌變法，彈指之間，已過百年。或許人們未必了解變法之始末究竟，但思想解放之風貌，卻因此而留存。其中予人印象深刻之事，有康有為的「策」（屢屢上書），譚嗣同的「血」，還有梁啟超的「筆」。梁啟超自一八九五年參與康有為公車上書後，致力於報刊筆政，其發表於《萬國公報》、《時務報》上的犀利文字，令其聲名大噪，以至「通都大邑，下至僻壤窮陬，無不知有新會梁氏者」。梁啟超以筆底風雷，撲向暮氣沉沉的王朝。令守舊者毫無招架之力，逕自誣之為「離經叛道，惑世誣民」。

鄭振鐸在悼念梁啟超的文章說：「他在文藝上，鼓蕩了一支生力軍似的散文作家，將所謂奄奄無生氣的桐城文壇打得個粉碎。他在政治上，也造成了一種風氣，引導了一大群的人同走。他在學問上，也有了很大的勞跡；他的勞跡未必由於深湛的研究，卻是因為他的將學問通俗化了、普遍化了。他在

新聞界上也創造了不少的模式；至少他還是中國近代最好的、最偉大的一位新聞記者。」是的，從高達一千四百萬字的《飲冰室文集》看來，內容遍涉政治、經濟、思想和文化各方面；我們不能不佩服他的用功之勤、筆力之大。

梁漱溟在評價梁啟超時說：「任公的特異處，在感應敏速，而能發皇於外，傳達給人。他對於各種不同的思想學術極能吸收，最善發揮，但缺乏含蓄深厚之致，因而不能綿歷久遠。」梁氏之筆，委實為近代以來最健者，其文思墨瀋，幾如風雨驟至、流水湯湯；亦如泉之奔湧，不擇地而出。然身處末代王朝，面臨啟蒙的重責大任，於是不得不放下寫「傳世之作」的心願，而著「覺世之書」。思以三寸之管，抵得十萬甲兵。此梁氏之幸耶？不幸耶？可真是「身後是非誰管得」！

身為「輿論界之驕子」，梁啟超善於博採眾家之長。在師從康有為之時，他採納其經世致用的治學宗旨，與重視學術源流的治學方法；在與嚴復交

少年梁啟超筆力萬鈞。

梁啟超被稱為「百科全式」的人物。

往中，他接受其反對保教和天演進化的進步思想；在與黃遵憲的交往中，他吸取其有關合群之道的論述；在與夏曾佑、譚嗣同的爭論中，他體會到佛教的精深教義，與詩界革命的真諦；在與胡適的爭辯裡，他則汲取其古代哲學史研究的成果。通過博採眾長，梁啟超成為近代學術的巨擘。

梁啟超一生善變，常為論者所詬病。實則他在政治上的變化，無論主張變法維新、和平改良、革命破壞、君主立憲、開明專制還是共和民主，都是對不同政治形態的一種反應。在學問上，他初而沉浸於詞章訓詁，繼而從事於今文運動，說偽經，談改制，繼而又反對康有為的保教尊孔的主張。他說他「隨時與境而變，又隨吾腦識之發達而變」，他所變者不過方法而已，他的宗旨和目的，卻未曾變動。綜觀梁啟超的思想矛盾中，仍可清理出「憂國愛國」的宗旨，和在困頓中不斷尋求新知和濟世之道，其天真熱情，多少也影響時代。還不妨承認，他有急切的功名心和表現欲，有時更像戰國時代的縱橫之士，奔走以售其才識。

從政的屢屢失敗，使得梁啟超晚年轉向學術研究，治哲學、史學、佛學、文學，皆有創獲，著述甚豐，因此他有「著述求為百世師」的自勉。但他性格上的缺點，他亦有自知之明，他說：「然啟超以太無成見之故，往往徇物而奪其所守，其創造力，不逮有為，殆可斷言矣。」又在題長女令嫻日記云：「吾學病愛博，是用淺且蕪，尤病在無恆，有獲旋失諸，百凡可效我，此二無我如。」

斗轉星移，驀然回首，歲月的長河，不停地流淌。面對梁啟超的遺文往事，雖歷經一世紀，但他所探討的諸多問題，今日仍然被關注。

第三章

末世獨立蒼茫

之三——我自橫刀向天笑

一八九八年，是晚清值得記憶的一年，它讓中國由大希望的天空，跌進了大苦難的深淵。「百日維新」未成，即將崩毀的王朝，自身扼殺變法圖強的嘗試，造成黑暗勢力的猖狂反撲。有許多的流血，有許多的通緝，有許多的罷官，更有許多的流亡。悲劇終於結束了，這些改革者，雖被視為失敗者的形象，留予後人評說，但他們「救亡圖存」的激情，卻是一道永不消失的虹影，高高懸掛在十九世紀末的昏黃天際，也似刀般地鑴刻在中國人的百年記憶之中。

在這場政變中，譚嗣同無疑是一顆耀眼的彗星，他以他的生命做激烈地噴射，劃過黑暗神州的天空，燃燒烈焰，倏爾消失。是時代的啟蒙，也是自我的挑戰。梁啟超說他的思想，有如「吐萬丈光芒，一瞥而逝，而掃蕩廓清之力，莫與競焉。」熊十力也稱讚道：「戊戌政變，首流血以激天下之動者，譚復生嗣同。……自清季以來真人物，唯復

譚嗣同像

生一人足當之而已。」

　　戊戌死難六君子，以譚嗣同最為慷慨任道。他的死，可稱「敢死」、「赴死」。從史料得知，譚嗣同在當時是有時間、有機會脫險的，一如梁啟超之遁入日本公使館，借日人之助東渡日本避難。但譚嗣同卻「竟日不出門，以待捕者」，並於次日，入日本使館訪梁啟超，將其所著書及詩文稿本託付梁氏後，仍然返回寓中。他對梁啟超說：「不有行者，無以圖將來，不有死者，無以酬聖主。今南海之生死未可卜，程嬰、杵臼、月照、西鄉，吾與足下分任之。」當此之時，譚嗣同取「死」之「易」事，而將「活」之「難」事，留予梁啟超。風蕭蕭兮易水寒，壯士一別，從容就義，豪氣干雲。或謂他本可不死，可以不必死，而竟執意待死者，該是有著「以死醒世」的想法。正如他所說的：「各國變法，無不從流血而成；今中國未聞有因變法而流血者，此國之所以不昌也。有之，請自嗣同始！」。

湖南時務學堂總理及教習光緒戊戌春夏間
合影（譚嗣同左二）

中國近現代文人心靈的探尋

　　譚嗣同的死，雖然未能感動以那拉氏為首的統治者，也未必能喚醒菜市中看殺頭的人們，但光憑那股浩然正氣就可以長留天地，而那種為理想而殉身的任俠精神，更是深觸人心。同鄉陳阮曾說：「余少有高世之志，自比管幼安。是時瀏陽譚壯飛才學閎肆，心儀其人，戊戌政變死菜市。」寥寥數語，令人扼腕。陳阮更常獨立於菜市口，欷歔憑弔，甚至痛哭不已。真乃傷心人別具懷抱也。

譚嗣同遺墨

　　譚嗣同就義後，不斷有人從功利的角度，說他不該白白送死，所謂「留得青山在，不怕沒柴燒」，但他們哪裡懂得譚嗣同的英雄襟抱。譚嗣同曾有絕命詩曰：「望門投止思張儉，忍死須臾待杜根。我自橫刀向天笑，去留肝膽兩崑崙。」臨終遺言則為：「有心殺賊，無力回天。死得其所，快哉快哉！」。活著或者死去，對他來說，已不成為一個問題。「我自橫刀向天笑」，除了譚嗣同而外，誰能哭，誰能笑？！人生得一知己足矣，是的，有了陳阮一個知音，

譚嗣同可死而無憾了，又何必在意他人的評說呢？他們兩人的心靈相契，已超越了伯牙與鍾子期，他們共有的不僅是「音」，更是崇高靈魂的追求。譚嗣同的血和陳阮的淚，同為後人該珍惜的瑰寶！！

第四章

生命的最後告白

一九三五年五月二十二日，瞿秋白在長汀獄中寫就了近兩萬字的〈多餘的話〉，不到一個月後，他被槍決了。〈多餘的話〉也就成為他生命的最後告白。告白中分為：「何必説？（代序）」、「歷史的誤會」、「脆弱的二元人物」、「我和馬克思主義」、「盲動主義和立三路線」、「文人」和「告別」七個部分，總結他一生的歷史。在告別人間之剎那，他回望過去，袒露自己的靈魂，讓自己走到歷史的前台，親切地向人們揮手致意。

瞿秋白不單單是個作家，更多的時候，他是一位職業的革命家，但骨子裡他是「不折不扣」的文人。在〈多餘的話〉中，他也一再強調自己，是身不由己地被推到了歷史的浪頭中。當他「歷史地」成為共產黨的領袖時，他少年月下吹奏洞簫的浪漫，是無暇夢起的。而原本最適宜他們的文化創造，似乎只是在品嚐了政治生涯的種種苦澀之後，

少年瞿秋白

瞿秋白與愛妻楊之華

在激情逐漸趨於平緩之時，才使他們情願（或許還帶些無可奈何）全心去擁抱。這在瞿秋白是這樣，在陳獨秀又何嘗不是如此？

羅蘭巴爾特在〈寫作的零度〉中指出：「當政治的和社會的現象，伸展入文學意識領域後，就產生了一種介於戰鬥者和作家之間的新型作者，他從前者取得了道德承擔者的理想形象，又從後者取得了這樣的認識，即寫出的作品就是一種行動。」瞿秋白正是巴爾特筆下的這種「新型作者」，他始終沒有放棄對文學的愛好，但他的政治敏感，又必然使他的文學創作帶有強烈的政治色彩，於是瞿秋白選擇了能滿足他兩方面要求的雜文創作。

瞿秋白的雜文，當然比魯迅更具火藥味，因為他是作為政治家而發言的。他們兩人在生命盡頭時，曾精誠合作了十四篇雜文。在寫完這些雜文的一年後，瞿秋白在長汀，流盡了最後一滴血；兩年半以後，魯迅也在上海寓所，停止了呼吸，溘然長逝。

　　瞿秋白死了，但在當時或以後，被謳歌、被讚美的英雄中，並沒有他的名字。相反的，他卻被四人幫指控為革命的罪人、叛徒、「毛澤東正確路線的對立面」，而被挖墳掘墓、暴骨揚灰。直到五十年之後，才被平反，可說是「寂寞身後名」。

　　但瞿秋白卻早在死前就吐露他對名聲的淡漠，我們看〈多餘的話〉中說：「嚴格的講，不論我自由、不自由，你們早就有權利認為我也是叛徒的一種。如果不幸而我沒有機會告訴你們，我的最坦白、最真實，而驟然死了，那你們也許還把我當一個共產主義的烈士。記得一九三二年訛傳我死的時候，有的地方替我開了追悼會，當然還念起我的『好處』。我到蘇區聽到這個消息，真叫我不寒而慄，以叛徒而冒充烈士，實在太那麼個了。因此，雖然我現在已經囚在監獄裡，雖然我現在很容易裝腔作勢，慷慨激昂而死，可是我不敢這樣做。歷史是不能夠，也不應當欺騙的。我騙著我一個人的身後虛名不要緊，叫革命同志們誤認叛徒為烈士，卻是大大不應該的。所以雖反正是一死，同樣是結束我的生命，而我絕不願意冒充烈士而死。」

　　瞿秋白十分清楚，作為錯誤路線領導人而被解除職務後，他早被視為「異類」。「烈士」的稱號，對他已變得無足輕重，他只求以真實完整的自我，從容死去。「我不怕人家責備、歸罪，我倒怕人家『欽佩』。」是的，不解實情的「欽佩」，正足以歪曲真實。「話既然是多餘的，又何必說呢？」，在瞿秋白的反語中，我們看到他從歷史迷霧中走來，顯出他生命的岸偉。

第五章

從紅燭到火炬

一般人常將聞一多的一生分為詩人、學者、鬥士三個階段。大抵從一九二〇年，在清華發表第一首新詩起，到一九二八年秋，任教武漢大學，為「詩人時期」；而在此之後，到一九四四年，參加西南聯大的五四晚會，為「學者時期」；而他生命結束前的最後兩年多，則為「鬥士時期」。在他短暫的一生中，作如此大幅度地轉變，曾引起多數人的不解。曾是他的好友，後來分道揚鑣的羅隆基，就說：「一多是善變的，變得快，也變得猛，現在是第三變了。」但作為聞一多終生摯友的朱自清，卻能更清楚地看到聞一多的真面目，他不僅認為詩人、學者、鬥士三重角色，「因時期的不同而或隱或現」；還說：「學者的時期最長，鬥士的時期最短，然而他始終不失為一個詩人，而在詩人的和學者的時期，他也始終不失為一個戰士。」在朱自清的眼中，聞一多人格的構成本屬渾然天成，不僅詩人、學者藏著鬥

士，而且出任鬥士時又熱情得像詩人，本色得像書生，其間無甚隔閡。

　　而學者許紀霖更指出，串成聞一多一生跌蕩起伏，多變而不離其宗的，是浪漫主義的激情。我們知道聞一多是湖北浠水人，也就是古時候的楚地。楚人多浪漫，而且狂放不羈，這成就了聞一多的詩人氣質。在清華期間，他「決志學詩，讀詩自清、明以上，溯魏、漢、先秦。讀《別裁》畢，讀《明詩綜》，次《元詩選》，次《宋詩鈔》，次《全唐詩》，次《八代詩選》。」兩年之內，讀遍所有古詩。不久，五四運動發生，因清華園是在城外，聞一多直到當天晚上，才得知消息。他感到一種無可名狀的情感，在內心澎湃洶湧，但那時他還不會寫詩，於是他興奮地抄下岳飛的《滿江紅》，悄悄地貼到學校食堂的牆上，他希望用詩喚起同學們的民族熱情。次年七月，他在《清華週刊》上發表第一首新詩〈西岸〉，在那充滿浪漫激情的時代裡，聞一多認為「詩是被熱烈的情感蒸發了水氣之凝結」，詩人應該「跨在幻想的狂恣的翅膀遨遊，然後大膽引吭高歌」。

　　因此他竭力稱讚郭沫若的新詩《女神》，所激越的浪漫主義精神。他在〈《女神》之時代精神〉文中，就稱讚郭沫若的精神「完全是時代的精神──二十世紀底時代的精神」。他說：「現在的中國青年──『五四』後之中國青年，他們的煩惱悲哀，真像火一樣燒著，潮一樣湧著……他們的心裡只塞滿了叫不出的苦，喊不盡的哀。他們的心快塞破了，忽地一個人用海濤底聲響，替他們全盤唱出來了。這個人便是郭沫若，他所唱的就是《女神》。我們的詩人不獨喊出人人心中底熱情來，而且喊出人人心中最神聖的一種熱情呢！」。《女

中國近現代文人心靈的探尋

神》那種大氣磅礡的浪漫主義激情，和熱烈奔放的自由揮灑，不期然地暗合了，聞一多追求極致的心理，也因此他並無暇顧及郭詩在形式上是否完美，他完全被詩中的激情所征服了。

　　《紅燭》是聞一多的第一本詩集，經郭沫若介紹，於一九二三年九月，由上海泰東書局印行。那時，聞一多剛赴美留學一年。《紅燭》仿照《女神》的體例，按內容的性質，分為五篇：〈李白篇〉三首，〈雨夜篇〉二十一首，〈青春篇〉十七首，〈孤雁篇〉十九首，〈紅豆篇〉四十二首，還有序詩〈紅燭〉一首。聞一多用李商隱的情詩——「蠟炬成灰淚始乾」，來做他詩集的卷頭語，但他改變李商隱詩中的

郭沫若的新詩集《女神》

《紅燭》手跡

原意，而成為詩人對理想的美的追求。他說：「紅燭啊！／你流一滴淚，灰一分心／灰心流淚果，／創造光明你的因。」。整部詩集，可說充溢著郭沫若式的灼人熱情；充溢著對李白、濟慈等浪漫詩人的由衷讚美，充溢著「藝術忠臣」（聞一多自喻）唯美的獻身衝動。

在美國的三年，也許是聞一多一生中最痛苦的歲月。他感受到的異鄉感和屈辱感，是那樣地強烈，於是激起他強烈的民族情懷。一九二四年，他與羅隆基、潘光旦、吳景超、吳文藻等一批清華留美的同學，在芝加哥成立了政治性的社團──「大江會」，正式打出了「國家主義」的旗幟。聞一多始終洋溢的浪漫主義的激情，在此找到了新的依附，於是「國家主義」，適逢其會地成為他狂熱的新信仰。一九二五年春天，他不待留學期滿，就提前回國。恰恰趕上了「五卅」運動之後，國內政治氣氛的高漲，他躊躇滿志地投入「國家主義」運動，又是代表「大江社」，參加北京「國家主義」各團體聯合會，又是寫信給梁實秋，熱烈地召喚國外的同志趕快回國，加入「國家主義」與共產主義的「劇烈的戰鬥」。這時期聞一多寫下相當多的愛國詩，但面對黑暗如故的社會，他是不免有點失望。

朱自清就這麼說：「（聞一多）愛的是一個理想的完整的中國，也是一個理想的完美的中國。這個國家意念是抽象的，作者將它形象化了。……可是理想上雖然完美，事實上不免破爛；所以作者彷徨自問，怎樣愛它呢？」。一九二七年九月，聞一多寫了一首名為〈口供〉的詩，先是說「你知道我愛英雄，還愛高山，／我愛一幅國旗在風中招展」，接下去卻話鋒一轉：「可是還有一個我，你怕不怕？／蒼蠅似的思想，垃報桶裡爬。」口氣頗有點頹廢，該是他此時心情的

寫照。

　　然後從南京、武漢，直到青島，他不斷地變換環境，但每到一處都陷入無聊的人事糾紛或學潮之中，他倦了，他感到如同死去一般；唯有徹底的退隱，才能重生。於是在一九三二年夏天，他應聘為清華中文系教授，他回到他的母校。他不再作詩，倒卻研究起中國古典詩詞，從《詩經》、《楚辭》，直到唐詩、樂府，還有古代的神話等等。他退回書齋，躲到「國學」的象牙塔中了。但他的心境是沉鬱的，在給好友饒孟侃的信中，他說：「近來最怕寫信，尤其是怕給老朋友寫信，一個人在苦痛中，最好讓他獨自悶著。……總括的講，我近來最痛苦的是，發現了自己的缺陷，一種最根本的缺憾——不能適應環境。因為這樣，向外發展的路既走不通，我就不能不轉向內走。」

　　然而有多少人，能明白他內心的壓抑和苦悶。作名士、過隱居生活，絕非他這個浪漫主義者的個性和本願。他的內心始終有火、有光，但爆發不出來，憋得頂難受的。在給好友臧克家的信中，他就這麼說：「我只覺得自己是座沒有爆發的火山，火燒得我痛，卻始終沒有能力（就是技巧）炸開那禁錮我的地殼，放射出光和熱來。只有少數跟我很久的朋友（如夢家）才知道我有火，並且就在《死水》裡（案：聞一多的第二本新詩集），感覺出我的火來。」

　　雖是如此，在學者時期，聞一多研究的成果，可謂十分豐碩。主要可分為六方面：（一）、卜辭和金文；（二）、上古神話傳說；（三）、先秦諸子哲學思想；（四）、《詩經》和《楚辭》；（五）、唐詩及唐代詩人；（六）、鳥瞰與剖析文學發展大勢。而在

西南聯大

吳晗在「一二‧一」的抗議演講

這六大方面，他又以考證謹嚴透徹和闡發新義成理，作出了前無古人的成績。從北平到長沙、南岳，最後到昆明、蒙自。他皓首窮經，不斷地鑽研，即使在烽火連天的歲月中，他也從不間斷他的研究。他除了上課之外，連門也不出，樓也不下，頗有古人「三年不窺園」的遺風，因此還得了一個雅號，叫做「何妨一下樓主人」。這也難怪馮友蘭要讚佩他說：「學西洋文學而轉入中國文學，一多是當時的唯一底成功者」。

在昆明西南聯大的聞一多，雖然甘守清貧，但目睹強敵的長驅直入，而國民政府的紙醉金迷，他心中的怒火越燒越旺了。有一次，聯大「新詩社」的學生去訪問他，師生俯仰時事，感慨萬端。臨行送別時，他悲憤地說：「所以啊，我們不能不管了，每一次我都跟受刑一樣，看見倒在馬路邊兒的那些餓死的『壯丁』……你們看那些綑著的，拉著的，押著槍的，一個個瘦成什麼樣子，腿桿兒只有這麼細。……走著走著就倒下一個，走著走著就倒下一個

……」。他無法再沉默了，他如憤怒的獅子，沉鬱地怒吼了。他和吳晗、張奚若、朱自清等人，參加西南聯大學生的歷史晚會、文藝晚會和時事晚會，他投入了民主運動的洪流。

走出象牙塔的聞一多，此時又重燃起浪漫主義的激情。一九四五年十二月一日，發生的「一二‧一」慘案，是民國政治史上最黑暗、最慘烈的一頁，也是聞一多把「鬥士」角色，發揮到最淋漓盡致的狀態。在他生命的最後一章，我們找不出「畏縮」、「恐懼」的字眼，有的只是「義所當為，毅然為之」八個字。他沉痛地說：「在帝國主義國家裡面，鎮壓人民革命的行為，一般人稱之為白色恐怖；這次昆明『一二‧一』慘案的暴行，連白色恐怖的資格也不夠，簡直是黑色恐怖：因為『白色』在字面的意義上講，還是純潔的；『一二‧一』的暴行是太凶殘醜惡，卑鄙無恥了！事前有周密的佈置，當時是集體的行為，打上大學門來，向徒手學生擲彈，向毫無抵抗的女生連戳數刀，終必置之死地，事後並造謠誣衊學生，弄出一個莫須有的什麼姜凱、田凱來。魯迅先生說發生『三‧一八』慘案的民國十五年三月十八日，是中華民國最黑暗的一天；他不知道還有更黑暗、更凶殘的日子，是民國三十四年十二月一日！段祺瑞的衛兵，是在執政府前向徒手學生開槍；十二月一日的昆明，是大隊官兵用手榴彈和刺刀，來進攻學校！凶殘的程度更進了一步，這是白色恐怖嗎？這是黑色恐怖！」。

在聞一多生命的最後一年，他的激烈言行，明明有著招致死亡的極大危險，但他卻似乎視而不見，甚至是迎著死亡，無畏地前行！當時特務曾揚言，懸賞四十萬大洋，要買他的頭顱；但他卻認為「民不

李公樸

李公樸之死

畏死，奈何以死懼之」。

一九四六年七月十一日，民主同盟中央執行委員李公樸，遭特務暗殺。第二天清晨五時，聞一多趕到雲大醫院去看李公樸，但是晚了一步，李公樸在清晨四點多閉上了雙眼，他最後一句話是「天快亮了吧」。聞一多不相信他的戰友會死，他凝視著，一個字一個字地說：「公樸沒有死！公樸沒有死！」。這時他儘管知道自己已上了特務的黑名，而且危在旦夕，但在面對李公樸的遺體，他一諾千金的說：「事已至此，我不出，則諸事停頓，何以慰死者」。於是他毅然赴雲南大學至公堂，參加李公樸的追悼會，並作「最後一次演講」。在會場中，他眼見特務就在人群中，但他竟然一再用強烈的挑戰口氣，向特務主動進擊。他說：「這裡有沒有特務？你站出來！是好漢的站出來！」。演講內容針對李公樸之死的悲痛，只占其中的少部份，而大部份是對「敵人」的斥罵和極端蔑視。最後他說：「我們不怕死，我們有犧牲的精

神，我們隨時像李先生一樣，前腳跨出
大門，後腳就不準備再跨進大門！」。
此時聞一多似乎預感到死亡的到來，但
他沒有任何的恐懼，而是懷著一種宗教
獻身般的激動。在演講結束後，在離家
只有百餘米的西倉坡，只要再過兩、三
分鐘便能回到妻兒身邊。但剎那之間，
槍聲響起，聞一多倒臥血泊中，並且
不再醒來……那是李公樸遇難後的第四
天，他繼李公樸之後，又死於特務的槍
口下。

西倉坡教職員宿舍

李聞兩先生追悼大會現場

聞一多曾自況他是一座沒有爆發的火山，而朱自清在〈懷念聞一多先生〉的詩中說——

你是一團火，

照徹了深淵；

指示著青年，

失望中抓住自我。

你是一團火，照明了古代；

歌舞和競賽，

有力如猛虎。

你是一團火，

照見了魔鬼；

燒毀了自己！遺爐裡爆出了新中國！

誠然，這「火炬」的形象是逼真的。他確是一團瑰麗多彩的火：作為詩人，他宛若熊熊躍動的火苗，暖人肺腑；作為學者，他猶如澄明晶亮的爐火，引人思索；及至成為鬥士，他拍案而起，則如爆裂的火山，烈焰迸飛，炙得千百萬人血液沸騰。

從「紅燭」到「火炬」，聞一多雖然最後捨棄「藝術」而走向現實；捨棄「個人」而走向社會；捨棄「寧靜」而走向激越；捨棄「生命」而走向死亡。但詩人、學者、戰士的角色，不過是他外在的活動形式，而實際上終其一生，他都是一個「詩人」，是個把生命當做詩，用生命來寫詩的「詩人」。一如他在死前的二十年，他曾讚美戰死疆場的詩人拜倫，說：「最完美，最偉大的一首詩，也便是這一死」。而二十年後，這話卻成了他自身的寫照，他以激情的歸宿，來

完成他作為詩人的最完美的形式，他以毀滅為代價，來達到美麗的完成，並以此煥發出他鳳凰蹈火般的奇異光輝！

從學者到鬥士，聞一多曾對自己重新過問政治作了這樣的解釋，他說：「對內我們是無黨無派，而對外我們又是有黨有派。無黨無派，因為我們昨天不問政治，有黨有派，因為我們今天在問著政治。從不問政治到問政治，從無黨無派到有黨有派，這一轉變，從客觀環境說，是時代的逼迫，從主觀認識說，是思想的覺悟。我們覺悟了，我們昨天那種嚴守中立，不聞不問的超然態度，不是受人欺騙，便是自欺欺人。昨天如果我們是因為被人捧為超然的學者專家，超然起來，那麼我們今天確實是覺悟了，知道那種捧是不懷好意的灌米湯，因為只有我們超然，老爺們才更敢放手幹他們那套卑鄙的吃人勾當。如果我們昨天的超然，是掩飾自身的怯懦、無能和自私自利的美麗的幌子，那便是比自己幹著吃人的勾當，更為卑鄙的卑鄙行為，我們今天更應懺悔。」

聞一多的另一種「知識分子」形象

從這些話語中，我們得知聞一多作為「詩人」的氣質，並未曾改變。只不過是他青年時代埋下的愛國熱情的種子，在此時此刻，綻開成帶血的花朵。他不願只做一個獨守書齋、超然於事外的學者，他更願「國事、家事、天下事」，事事關心。於是他以「火炬」般熱情，以生命寫下美麗的詩篇，塑造出中國現代「知識分子」的另一種形象。

第六章

文人千載悲歌

之一──依舊書生

陳獨秀（一八七九～一九四二）生於安徽安慶，最後病死於四川江津。一生婚變四次，子女七、八人，留日四次，五次被捕。思想從馬克思到托洛茨基；地位從中共總書記到被開除黨籍；名譽從「思想界的明星」到叛徒漢奸，這種經歷在歷史上，恐怕是絕無僅有的。陳獨秀自稱是天生的反對派，他不妥協、不附和，因此終其一生是個悲劇人物。他曾是「五四」新文化運動的旗手，又是馬克思主義的先鋒，更是中國共產黨的創始者，而最後也是最早發現共產黨終必失敗的第一人。然而，歷史上所有超前時代的先知，無一不是悲劇人物，陳獨秀自不例外。就在他死去整整半個多世紀以後，他最後〈對民主政治的最後見解〉以及對共產黨的預言，仍然鏗鏘有聲，若合符節。只是「忠言逆耳」，共產黨為了打擊異己，自不會輕易放過他，不僅開除他的黨籍，更讓他背上「托派漢奸」的罪名，甚至禍延子孫數十

陳獨秀

陳獨秀的新青年雜誌

年。這難道不是歷史上的悲劇嗎？

　　陳獨秀作為一名知識分子，「救亡圖存」和「重建中華」，曾是他最深切的關懷。我們從他早期的言論和行動之中，時常能體察到他殷殷的愛國之情。一九〇一年，第一次東渡日本之後，他的民族主義就日益同禦侮、排滿、救亡、圖強聯繫起來。於是他在日本先後參加勵志會、青年會和拒俄義勇隊。一九〇四年，他甘冒殺身之禍，創辦《安徽俗話報》，以淺近的文辭，宣傳愛國和革命的思想。一九〇五年，他更組織以推翻滿清政府為目的的岳王會。

　　為了實現禦侮圖強的民族主義目標，陳獨秀不斷地尋求更有效的意識形態。於是社會達爾文主義，成為陳獨秀鼓吹的第一種意識形態。之後，他更喊出「民主與科學」的口號。這一震聾發聵的吶喊，直到今天依然震撼著中國知識分子的心靈。然而「德先生」與「賽先生」，仍然被陳獨秀意識形態化了，它們成了新的尋求救亡的工具。接著，陳獨秀接受了社會主義、馬克思主義和

共產主義。巴黎和會激發了陳獨秀的民族主義情感，招致他對西方文明幻想的破滅；社會主義思想中的民主觀，與陳獨秀的平民主義烏托邦，更是天作之合；十月革命的成功，使陳獨秀深深體會到馬克思主義具有更有效的行動意義。於是，他扔棄了他的科學與民主，同李大釗一起擎起了社會主義的大旗，投身並領導了中國的共產主義革命。

一九二一年七月廿三日，中國共產黨第一次全國代表大會在上海舉行，大會通過了中國共產黨綱領和〈關於當前實際工作的決議〉一文。會議宣告以馬克思、列寧主義為指南，以共產主義為目標的，統一的中國工人階級政黨——中國共產黨，正式成立。大會選舉陳獨秀、張國燾、李達組成中央局。鑒於陳獨秀在新文化運動和五四運動中做出的貢獻，以及在宣傳馬克思、列寧主義，組建中國共產黨的活動中，實際上所處的領導地位，在他未能出席大會的情況下，大會仍然推選他擔任了中央局書記，可以說陳獨秀是中國共產黨的主要創始人之一。

在中國共產黨的第一次至第五次代表大會上，陳獨秀都被選為總書記。但在第一次國內革命戰爭後期，由於思想上和實踐上的嚴重錯誤，他成共產黨內右傾機會主義路線的主要代表。此時陳獨秀從馬克思主義者的隊伍中分裂出來，蛻化為托洛茨基主義的信奉者，成為中國共產黨的反對派。一九二九年十月五日，中共中央政治局作出〈關於反對黨內機會主義與托洛茨基反對派的決議〉，要求陳獨秀「必須立即服從中央的決議，接受中央的警告，在黨的路線之下工作，停止一切反黨的宣傳與活動。」但是，陳獨秀卻堅持他一貫的頑固態度。他和彭述之聯名在十月廿六日寫給中央的信中，直呼托洛茨基為同

志，並説：「你們説我們是反對派，不錯，我們是反對派，我們的黨此時正需要反對派！」。他們公然打出反對派的旗幟，向共產黨示威。因此中共中央政治局於十一月十五日，通過了〈關於開除陳獨秀黨籍並批准江蘇省委開除彭述之、汪澤楷、馬玉夫、蔡振德四人黨籍決議案〉，宣布其罪狀是：「反國際，反六次大會，反中央，反整個的黨之一貫路線的旗幟，公開地承認已為共產國際及聯共黨所開除的托洛茨基為同志；這充分証明陳獨秀、彭述之等已決心離開革命，離開無產階級，客觀上就是已經開始轉變他們的歷史行程，走向反革命方面去了。」

被開除黨籍之後，陳獨秀於同年十二月十日，發表了長篇〈告全黨同志書〉。他認為史達林犯了「可恥的機會主義」錯誤，還煽動黨員「團結起來，毫不隱諱的站在托洛茨基同志所領導的國際反對派…的旗幟之下」，他還説要「堅決的、不可調和的、不中途妥協和國際的及中共中央的機會主義，奮鬥

陳獨秀（左）與彭述之（右）

到底」。而後來因托派內部的爭權奪利鬥爭，除陳獨秀、彭述之、羅漢三人外，都因內部同伙告密而被國民黨逮捕關押。一九三二年十月十五日，陳獨秀、彭述之也鋃鐺入獄，中國的托派組織終究走向衰落。

　　陳獨秀獲釋後，先後在南京、武漢居住。托派分子勸他回上海重整旗鼓，他表示這種宗派主義的作法，沒有出路。托洛茨基要他去美國，他沒有聽從。胡適先是要他到美國寫自傳，遭到拒絕後，又和周佛海等人請他參加「國防參議會」，也碰壁而歸。蔣介石的親信朱家驊甚至答應供給「十萬元」經費和「國民參政會」的「五個名額」，要他「組織一個新共黨」，更引起陳獨秀的反感。他說：「蔣介石殺了我許多個同志，還殺了我兩個兒子，我和他不共戴天。現在大敵當前，國共第二次合作，我不反對他就是了。」此時，陳獨秀卻派人同中國共產黨聯繫，表示要去延安，有回到共產黨的意願。

　　針對陳獨秀的要求，葉劍英、博古、董必武等代表中國共產黨，同他多次談話，勸他以國家民族為重，放棄成見，承認錯誤，回黨工作，一致抗日。關於陳獨秀要去延安，他們按照中共中央的意見，向他提出三個條件：「（一）、公開放棄並堅決反對托派理論與行動，並公開聲明同托派組織脫離關係，承認自己過去加入托派之錯誤；（二）、公開表示擁護抗日民族統一戰線；（三）、在實際行動中表示這種擁護的誠意。」對於抗日民族統一戰線，陳獨秀是擁護的；但對於承認加入托派的錯誤，從來就以認錯為恥的陳獨秀，則回答說：「回黨工作固我所願，惟悔改之事，確難從命。」並說：「現在亂哄哄的時代，誰有過誰無？還在未定之天。」；對於公開聲明脫離托派，他更認為是「畫蛇添足」。陳獨秀最終並沒有去延安。

晚年的陳獨秀，不僅沒有回到共產黨，而且也沒有涉入任何政治組織。經過二十多年的風雨浮沈，他既與中國共產黨分道揚鑣，也對他的理想國——蘇聯失望了。他感到史達林的蘇聯，不再是列寧的國際主義的蘇聯，而是懷著狹隘的民族利益、不能平等對待被壓迫民族的沙文主義大國。同時，他更不能容忍的是，蘇聯違背了他的民主信仰，他斥之為「史達林式極少數人的格柏烏（案：Ｋ・Ｇ・Ｂ）政制」。他針對蘇聯的狀況指出「『無產階級民主』不是一個空洞名詞，其具體內容也和資產階級民主同樣，要求一切公民有集會、結社、言論、出版、罷工之自由。特別重要的是反對黨派之自由，沒有這些，議會與蘇維埃同樣，一文不值。」

而由於對已有的社會主義實踐的絕望，陳獨秀轉而對資本主義的進步性及在中國的可行性，進行重新估定。一九三八年，他接連發表〈資本主義在中國〉、〈你們當真反對資本主義嗎？〉與〈我們不要害怕資本主義〉三文，指出中國目前「必須毅然決然採用資本主義制，來發展工業；只有工業發展，才能夠清除舊社會的落後性，才能開闢新社會的道路」。當然此時，他也沒有放棄社會主義理想，但他覺得只有經過資本主義式的產業發展和民主建設，才能達到真正的、科學的社會主義，這或許就是他早期思想中曾萌芽過的「二次革命論」。

晚年的陳獨秀，真正成為一名獨立的知識分子。他在一九三七年十一月二十一日，寫信給托派份子陳其昌的信中說：「我只注重我自己獨立的思想，不遷就任何人的意見，我在此所發表的言論，已向人廣泛聲明過，只是我一個人的意見，不代表任何人，我已不隸屬任

何黨派，不受任何人的命令指使，自作主張自負責任，……我絕對不怕孤立。」是的，此時的陳獨秀已重歸於一個知識分子獨立思考、寫作與發表的著述生涯。他心無掛礙，身無羈絆，把自己一生辛苦遭逢，反覆研究所得的思想，明白地表達出來。這也可以看作是他作為讀書人，在「兼善天下」失敗後的「獨善其身」吧！但事實也並不盡然，在他的「我絕對不怕孤立」的宣稱中，我們分明地看到了一種執拗地對現實的挑戰精神，看到了只有現代知識分子才有的靈魂力量。陳獨秀曾極力推崇尼采，「絕對不怕孤立」是從尼采而來的。在新舊傳統的塑造下，陳獨秀終於完成了對自己知識分子獨立性的確立。這種獨立性，由於陳獨秀曾有過的黨派生涯，而顯得愈發地意味深長。知識分子有自己的天性，黨派政治有自己的規律；陳獨秀沒有駕馭好

1937年的陳獨秀

政治，也沒有改變自己的天性；無論如何，我們對陳獨秀作為一個知識分子、作為知識分子中的一個狂士，在幾十年政治與非政治的世事中，那種歷盡劫數而依然故我的精神，仍有由衷的感慨與讚歎！

　　陳獨秀在晚年脫離了任何黨派，在政治上可謂孑然一身，過著貧病無依的生活。曾經是個大人物，曾經是個英雄，而晚景竟是如此淒涼，真是「掀起紅樓百丈潮，當年意氣怒衝霄，暮年蕭瑟殊難解，夜雨江津憾未消」。但是即使飽受貧困、老病的折磨，陳獨秀並沒有放棄自己作為思想家和文字學家的工作。在他逝世的兩週前，他抱病寫成了〈被壓迫民族之前族〉一文，他耿耿於的是對中國文化走向歧路與末路的憂心，他說：「我們應該盡力反抗帝國主義危及我們民族生存的侵略，而不應拒絕它的文化。拒絕外來文化的保守傾向，每每使自己民族的文化由停滯而走向衰落。」而他原本可以成為中國現代最具功力的文字學家，卻為他思想家、文學家和革命家的盛名所掩。他晚年的文字學著作──《小學識字教本》，是改革中小學學文字教育的嘗試。他認為古人造字不過近取諸身、遠取諸物的象形創造，而漢儒由於未見古文，妄說六書，穿鑿附會，把中國文字的訓詁引入歧途，使童蒙望而卻步。

　　遠離政治後，陳獨秀又回到文學、回到文字，對於文化啟蒙的思想，一以貫之，用更本質、更深入的文字革命，來接續自己早已成功的文學革命。他為文人生涯，劃上了一個完整的句點。正如他在獄中所寫的詩句：

　　　自來亡國多妖孽，一世興衰過眼明。

　　　幸有艱難能煉骨，依然白髮老書生。

第七章

文人千載悲歌

之二——因文賈禍

一九四七年七月一日，王實味在山西興縣被祕密處死，砍殺後置於一枯井中掩埋，他走完了四十一年的生命歷程，成為後來文人被批鬥中，最早犧牲者。半個世紀後，他才得到平反昭雪。王實味短暫的一生，為求生和理想，從辛勤求學到在文壇嶄露頭角，從文學與政治的錯綜，到投身革命，最後終因文賈禍，蒙冤五十年，不能不說是，文人的又一悲歌！

王實味，一九〇六年生於河南潢川縣。父親是前清舉人，家境清苦。一九二三年中學畢業後，考入河南留美預備學校。一年後該校停辦，他轉到郵局工作。一九二五年考入北京大學，但只讀了兩年就回到家鄉。一九二八年在山東教書，後到南京國民黨部任小職員。一九三〇年開始為中華書局的《新文化叢書》翻譯作品。這時發表小說〈休息〉，描寫他自己生活中的感受和遭遇。一九三七年到延安，初在馬列學院編輯

室工作，後分配到文藝研究室任特別研究員。

　　一九四二年三月十三日和二十三日，王實味連續在《解放日報》上發表成組的雜文〈野百合花〉共四則。四月十五日出版的《穀雨》雜誌上，又刊出他的雜文〈政治家・藝術家〉。〈野百合花〉中有批評領導人對部下和群眾缺少愛與關懷，有認為對青年的牢騷應該加以重視，延安雖比外面好得多，但它可能也必須好一點。另外抨擊一些人，借黑暗有必然性的道理，來為自己開脫並對自己寬容。王實味認為這是在「間接助長黑暗，甚至直接製造黑暗」。還有它批評了延安，在衣服和飲食上的等級差別，並從極端的例子中引出極端的結論：一方面害病的同志喝不到一口麵湯，青年學生一天兩餐稀粥，「另一方面有些頗為健康的『大人物』，作非常不必要不合理的『享受』」。而〈政治家・藝術家〉一文中，對政治家作了過份寫實的描繪，與延安理想化的革命政治家的概念不符；也因為把藝術家放在於同政治家相對等的獨立位置上，並將藝術家的使命定義為「務求盡可能消除黑暗」，與延安日益形成的「文藝從屬於政治」、「寫光明」的觀念，大相逕庭。

　　王實味在〈野百合花〉的「前記」中說：「野百合花與一般百合花同樣有著鱗狀球莖，吃起來味雖略帶苦澀，不似一般百合花那樣香甜可口，但卻有更大的藥用價值。」在文章中他指出，這些現象「也許有偏頗、有誇張，其中『形象』也許沒有太大的普遍性；但我們絕不能否認它們有鏡子的作用。」其創意中的赤忱之心和諷諫之意是明顯的。但論者也指出，王實味對革命的需求過分純潔，也過分急切了，因而對某些事實不無渲染。他的這些文章從政治和常識的角度

看，是有點偏頗的，見出了書生的狂熱性與
急躁症；但從審美的和詩的角度，又是正常
的和可取的，因為沒有偏激，就難有情采並
茂的個性化文章。狂人警句，乃是文學史上
的一個規律。

　　毛澤東在讀了〈野百合花〉後，曾指
出：「這是王實味掛帥了，不是馬克思主義
掛帥。」四月初，在一次中央高級幹部學習
會上，許多人都對丁玲的〈三八節有感〉和
王實味的〈野百合花〉提出批評，毛澤東在
最後總結說：「〈三八節有感〉志雖然有批
評，但還有建議。丁玲同王實味也不一樣，
丁玲是同志，王實味是托派。」其實〈野百
合花〉中，又何嘗沒有建議？王實味又何嘗
是托派？只不過在按計劃推進的，必定要有
的文學整肅中，毛澤東一念之慈要保護丁玲
罷了。而就目前史料看，這是關於王實味托
派問題最早提出的一次。在毛澤東的眼中，
王實味有著奪權──奪「話語領導權」的態
勢，勢必要除之而後快。這在一九五四年的
「七大」時，毛澤東就說得很明白了：「黨
要統一思想才能前進，否則意見分歧。王實
味稱王稱霸，就不能前進。四二年，王實味

王實味

在延安掛帥，他出牆報，引得南門外各地的人都去看。他是『總司令』，我們打了敗仗，我們承認打了敗仗，於是好好整風。」

　　整風開始，擔任指導整風運動的中央總學習委員會副主任的康生（主任是毛澤東），成為上級直接的領導人，在他的「指導」下，座談會很快變成了反王實味的鬥爭會。座談會開始的時候，有些同志還是把王實味的問題作為思想問題來批評的，過了四天，就把思想問題升級為政治問題，說他「不單是思想上的錯誤，還是治上的嚴重錯誤。」到了第六天，有幾個同志發言，揭發他說過「托派理論有些地方是正確的」、「蘇聯對於季諾維埃夫叛國案的審判是可懷疑的」、「中國大革命的失敗，共產國際應負責」、「史達林的人性不可愛」等等。還有人說王實味一九三○年在上海曾與托派份子王凡西、陳清晨（陳其昌）有過來往，幫助他們譯過托洛茨基『自傳』的兩章等等（這是王實味自己向黨組織交代過的）。由於這些揭發，反王實味鬥爭迅速升了級，成為「托派思想」、「敵我問題」。又過了三天，會上就有人把王實味稱為「托洛茨基分子」了。

　　康生是以「反托洛茨基英雄」自居的，他常在大會上批判「托洛茨基匪幫」，常說「托匪和敵特（日本特務）、國特（國民黨特務）是三位一體的奸細。」他為了繼續「擴大戰果」，使「鬥爭深入」，七、八月間，他用「打迂迴」的辦法，在中央政治研究室發動了一場鬥爭，追查成全（陳傳網）和王里（王汝琪）夫婦與王實味的關係。成全是中央政治研究室的研究人員，王里在婦委工作，他們一起到中央研究院來看過潘芳和宗錚夫婦（王里和宗錚原是上海復旦大學的同學）。王實味住在潘芳和宗錚隔壁的窯洞，他們又一起看過王實味

（王里曾與王實味在河南相識）。此後，他們有幾次來往，在一起吃過飯。經過七鬥八鬥，就把他們五人的關係說成「托派關係」，把他們之間的接觸和來往說成「托派組織活動」，最後把他們定為「反黨五人集團」。一九四二年十月二十三日，中央研究院黨委開除王實味黨籍，年底被關押。一九四三年四月一日被逮捕，一直被囚禁到一九四七年，祕密處死。

其實王實味從來就沒有參加過托派的任何組織和活動，他與王凡西、陳其昌交往時，甚至並不知道他們的托派身份；而且王實味也從來就對中國托派分裂黨的行為十分反感。他只是因為文章和行為而惹禍，要除掉他已是先定的事，說他是托派只是個藉口罷了。文人只是一廂情願地用自然的意氣測度問題，對於政治的險惡一無所知，遂在熱情的參與中，成了政治的犧牲品。

康生

1976年康生與江青等人

第八章

文人千載悲歌

之三──怒犯君威

中國有句老話叫「君威難測」，又說「伴君如伴虎」。而毛澤東這位自比秦始皇的所謂「革命領袖」，一怒之下，可以造成整個中國大陸民不聊生、妻離子散的「十年浩劫」，你就可以想見他的「威」力了。他們曾經和毛澤東有過親密的交往，甚至更獲得毛澤東的信任，但終究卻成為毛澤東批判的對象，從此身陷囹圄，或在文壇長期消失。昔日的繁華，頓成過眼雲煙。因忠獲罪，卻成為他們晚年揮之不去的夢魘。他們曾是魯迅的最親密的弟子──蕭軍、馮雪峰、胡風諸人。

遙想當年，蕭軍兩度到延安，在陝北公學的操場上，他和毛澤東與陳雲、李富春、成仿吾等中共領導人一起會餐，在塵土飛揚的大風中，輪流共喝大碗酒，高談闊論，那股「大風起兮雲飛揚」的豪氣，迴盪胸間。後來毛澤東寫信給蕭軍說：「你是那極坦白豪爽的人，我覺得和你談得來。」，表示毛

澤東對蕭軍的賞識。蕭軍為此還寫了〈論同志之「愛」與「耐」〉一文,經毛澤東審閱刪改後,發表於一九四二年四月八日的延安《解放日報》上。

但好景不常,不久就發生王實味事件及《文化報》事件,蕭軍兩度遭到批判,而且一次比一次嚴重。究其原因,學者錢理群指出[註1],作為一個反叛者,一個精神探索者,毛澤東顯然是欣賞蕭軍的;但當毛澤東建立了新的社會秩序,並要求維護這種秩序時,就很難再容忍蕭軍的這樣的永遠反叛者。尤其到後來「黨領導一切」時,任何獨立於黨之外的個人在群眾的威信,在當時都會被看作是向黨「奪權」——奪領導群眾之權。因此蕭軍在《文化報》所宣揚的那一套「五四」時期的啟蒙話語,即遭到《生活報》有組織、有領導、有計畫的大規模的聲討,而理想、天真的蕭軍卻渾然不覺。他認為只是個人的恩怨,他還堅持「這不是黨的意旨,我與某某人不能完,將來到中央見了毛主席,誰是誰非一定能弄清楚」。

蕭軍

　　於是最後蕭軍被指為「反蘇、反共、反人民」而遭大批判，他所主持的《文化報》停刊，並「停止對蕭軍文學活動的物質方面的幫助」，而這才是真正的「致命」一擊。從此蕭軍在文壇消失了二十餘年，而執拗的蕭軍在離開瀋陽去北京時，對他的批判者—中共東北局宣傳部副部長劉芝明說：「咱倆的帳沒完！不過今天不跟你算了。二十年後咱倆再算。你的報紙（《生活報》）白紙黑字，油墨印的，擦不掉，抹不去，我的也一樣，二十年後再看！」。而就當時險惡的情況而言，好友曾預言，蕭軍遭此劫難，只有三條路：一是自殺，二是得精神病，三是再也寫不出東西來了。但「硬漢蕭軍」卻沒有被他們言中，後來他硬是寫出了長篇小說《五月的礦山》。

　　相對於馮雪峰，可就沒那麼幸運了。馮雪峰早年曾是著名的「湖畔詩人」，一九二七年加入共產黨。一九三三年到中央蘇區瑞金，結識毛澤東，曾隨毛澤東參加震撼中外的兩萬五千里長征。在長征途中，毛澤東對馮雪峰非常關懷，有好幾次，他搞到了當時奇缺的紙煙，都派人送到後邊，交給馮雪峰。之後，在延安，在黃土窰洞中，在油燈下，毛澤東與馮雪峰促膝交談，回憶長征，談中國革命的形勢，談魯迅，談國統區文化界的鬥爭等等。馮雪峰之子馮夏熊在《馮雪峰傳略》中曾說：「兩人一起交談散步不下數十次。」可見兩人關係非比尋常。馮雪峰後來更成為中共與魯迅之間聯繫的主要人物，這也與他和毛澤東個人的關係有關。至於馮雪峰對毛澤東的敬仰，表現在他對駱賓基的談話，他說：「將來理解毛澤東同志的人一定會越來越多。在日本左翼文化界有名人士的談話中，都稱他為『毛大庫桑』，就是『毛大先生』。先生之上加『大』字，在日本是一種特別

尊敬的表現方法，除了魯迅在『庫桑』之前加『大』字，這種尊稱幾乎是沒有幾個人。」

但也是好景不常，一九五四年馮雪峰就開始受到批判。起因是由李希凡、藍翎評《紅樓夢》的文章所引起的，理由是這「兩個小人物」給《文藝報》投稿受到冷遇，而當時馮雪峰是《文藝報》的主編。後來在毛澤東的指示下，《文藝報》轉載了這篇文章時，馮雪峰寫了編者按，令毛澤東大為不悅。後來袁水拍寫了〈質問《文藝報》編者〉一文予以批判，馮雪峰迫於壓力寫了〈檢討我在《文藝報》所犯的錯誤〉，此文被當時在南方的毛澤東看到了，作了極為嚴厲的批示。他在「反馬克思列寧主義的錯誤」這一句旁，批道：「應以此句為主題去批判馮雪峰。」而到了一九五七年馮雪峰更是被劃為「右派份子」，他的主要罪狀有：「丁、陳反黨集團」的支持者和參加者、人民文學出版社右派份子的「青天」、「三十年來一貫反對黨的領導」、「反馬克思主義的文藝思想和胡風一致」等等。

而憑馮雪峰的資歷和與毛澤東的關係，他不應該有那樣的結局，傳記作家李輝指出[註2]，一九三七年國共兩黨在廬山談判，討論第二次國共合作的進一步措施。中共代表團由周恩來、博古、林伯渠等組成。身居中共上海領導層的馮雪峰，不能接受中共代表團的一些意見，並和代表發生爭吵，結果馮雪峰一氣之下，丟下工作，離開上海，回到老家浙江義烏去寫小說。他的這種選擇，不可避免將改變中共領袖對他有過的良好印象；而他在左翼文化領導層的舉足輕重的地位，勢必將由他人替代。當然還有此時，魯迅已逝世，馮雪峰過去因魯迅的赫然存在而形成的特殊性、重要性，已不復存在了。加之，從

丁玲一九四八年的日記中，我們得知
毛澤東認為馮雪峰有「教條主義」，
那是當年馮雪峰請丁玲轉給毛澤東的雜
文集《跨的日子》，而其中的〈新的驕
傲〉、〈帝王思想〉、〈封建的意識與
封建的裝潢〉等文章，肯定引起毛澤東
的不滿。而熟悉毛澤東思想的人都知
道，毛澤東一生對「教條主義」極為反
感，而且常以這種詞彙否定一個人的一
生。因此馮雪峰一生命運的逆轉，是早
就有跡可尋了。

被劃為「右派份子」的馮雪峰，
最後更被開除黨籍，這對一個意志堅強
的忠心老黨員，該是最為錐心之痛了。
王任叔就曾説，當時馮雪峰曾想到要毀
滅自己。而在生命的最後二十年苦難歲
月裡，馮雪峰更是念念不忘回到黨的隊
伍。但直到他生命的最後一刻，他並沒
有被恢復黨籍，而是在死後三年才獲得
平反。

而在他生命的盡頭時，他抗拒著因
癌細胞而引起的劇烈咳嗽的痛楚，埋首
於兩堆稿子中間，一堆是關於太平天國

馮雪峰全家人與魯迅全家人

的，一堆是關於魯迅的資料。臨終前他說：「我沒有能活著回到黨的隊伍裡來，我沒有能寫一本新的關於魯迅的比較完整的書，我也沒有能寫完關於太平天國的長篇⋯我心裡難過！」。馮雪峰對毛澤東、對黨都有劉賓雁所說的「第二種忠誠」；同樣他對魯迅、對文學也有著他的忠誠。早在一九六三年他為寫作《太平天國》，就曾沿著太平天國起義軍的進軍路線，去廣西、湖南、湖北考察了三個多月。朋友中認為他可以如施耐庵、羅貫中般地寫出一部偉大的巨著，馮雪峰自己也有這個把握，但種種磨難和遭遇，都使得《太平天國》只是開了個頭，而終於無法完成。當然在這之前，在他挨批戴帽而又給他免冠之後，於是他一如瞿秋白及陳獨秀般，在品嚐了政治生活的種種苦澀之後，在激情逐漸趨於平復之後，才使他們情願（或許還帶些無可奈何）地全心去擁抱文學。他決心從事創作，但中央方面卻對他說：「你搞創作可以，但不宜寫偉大的長征。」於是，他將已經完成的一個以紅軍兩萬五千里長征為題材的長篇《盧代之死》，投入爐火之中，付之一炬。那是他在四〇年就寫成，但因當時被國民黨逮捕，關在上饒集中營，原稿也遭到沒收。二十年後他讓《盧代》重生，不料方生即死！一個五十萬字的長篇終成灰煙！

　　胡風對毛澤東的信仰，不同於蕭軍與馮雪峰，他沒有像他們有更多親炙毛澤東的機會，但他對毛澤東卻有著一份「知己感」。那是在一九四〇年，胡風在他主編的《七月》第十期刊登的毛澤東演講記錄稿—〈毛澤東論魯迅〉，毛澤東將魯迅與孔子並列，讚其為「現代中國聖人」，並將「魯迅精神」概括為「政治遠見」、「鬥爭精神」和「犧牲精神」。這評價給「以魯迅唯一傳人」自居的胡風，巨大的心

靈震憾，並因此產生了「知己感」。
因此在中共建國後，胡風在〈時間開始
了〉那一組長詩中，高聲歌唱毛澤東是
「中國大地上最無畏的戰士，中國人民
最親愛的兒子」。

　　然而，最親密的，都可以六親不
認的。據何其芳說，早在一九四五年第
一次批判胡風時，批判者即已斷定，胡
風問題的要害是「對毛澤東的文藝方向
的抗拒」。而後《大眾文藝叢刊》發動
的批判，一開始即旗幟鮮明地亮出「底
牌」：「他們處處以馬列主義與毛澤東
文藝思想者自居，實際上是在『曲解』
馬列主義與毛澤東文藝思想，因此我們
不能不予以糾正。」但此時的胡風卻深
信，他與馬列主義、毛澤東思想，以至
於毛澤東本人之間，有著一種天然的、
血肉般的聯繫，這是神聖的、不容曲
解與褻瀆的。於是批判者與被批判者，
雙方無不真誠地相信並堅持自己，是在
「捍衛」毛澤東文藝思想與路線，而指
責對方才是「曲解」。而由於胡風本人
巨大的人格力量，他對週遭年輕人所

胡風以「魯迅唯一傳人」自居

胡風與夫人梅志

形成的凝聚力，使得他們的這種對抗，不同於王實味、蕭軍等人，它多少具有了某種「集團」的性質，因此也就更具危險性了。註3

終於爆發了「胡風反革命集團」，胡風及其同仁的一片丹心－「三十萬言書」（〈關於解放以來的文藝實踐情況的報告〉），句句諍言，換來的卻是一場史無前例的「文字獄」。雖然胡風的文藝觀點不能說沒有絲毫偏頗，但面對批評他的那些「當權者」的政治優勢，他既不願屈服，又感到對手是一個「龐然的存在」，因此不滿和對立的情緒愈加強烈。這時他們已經沒有公開發表言論的場所，便只好在往來的信件中互通信息，商討活動計劃，同時發發牢騷，說說怪話，使用一些隱晦的語言。而這些從胡風與好友的信中，尋章摘句、斷章取義的話，都被「當權者」無限上綱上網，成為反革命的罪證。殊不知這些話，有時雖借用政治術語，但實際談的是文藝的問題；而有時是文人們故作的驚人之語，其目的只是說說氣話，發發牢騷而已。然而文壇上最大的冤案、歷史的悲歌，就這樣發生了。胡風及其同仁，紛紛身陷囹圄幾達二十餘年，或被折磨而得精神分裂（如胡風、路翎），或病死獄中（如阿壠）。自稱是胡風知己的聶紺弩，這麼沉痛至極地形容胡風：「無端狂笑無端哭，三十萬言三十年。」

一九八五年六月八日胡風去世了，但他的屍首一直被冷藏在友誼醫院的太平間，遲遲難以發喪，原因在於有關方面擬就的悼詞，無法被胡風家屬接受，就這樣屍首冰凍的兩個月，才在家屬不搞遺體告別儀式、不開追悼會之下火化了。聶紺弩沉痛而激憤地寫下這樣的詩句：「精神界人非驕子，淪落坎坷以憂死。千萬字文萬首詩，得問世間能有幾！死無青蠅為弔客，屍藏太平冰箱裏。心胸肝膽齊堅冰，從

此天風呼不起。昨夢君立海上山，蒼蒼者天茫茫水。」

蕭軍、馮雪峰、胡風均跟魯迅有著極親密的關係，在性情上他們也有著不少相似之處。耿直爽快而無遮攔，急躁執拗而欠冷靜，樸實無華而拙於心計。許多時候，他們似乎並不考慮環境和對象的不同，也不顧忌性情的揮灑，所可能帶來的對自己不利的後果。不可更移的個性，注定讓他們以自己的方式，成為文化史上幾個特殊的人物，並且在特殊的環境中飲下苦酒。

賈植芳說胡風「執著於真理，因忠得咎，以直招禍」，說得更白的話是「怒犯君威」。這情形相對於蕭軍、馮雪峰都是如此。當然也由於他們的敢言、敢於「怒犯君威」，而留下了文人的些許風骨。好友聶紺弩有著傳誦一時的〈輓雪峰〉詩，其中有兩句：「文章信口雌黃易，思想錐心坦白難」。道盡了歷經反右、「文革」的知識份子的心路歷程。而同是湖畔詩人的汪靜之，更是這樣讚美馮雪峰：「雪峰！雪峰！

晚年的胡風

人如其名，名如其人，名與實相同。／峰最高，雪最潔，又潔又高，又高又潔。心靈高似山峰，心靈潔如白雪！」。而在悼念胡風的輓聯中，有「千古後千古文章，自有千古評論，千古有史；一生事一生風雨，終證一生肝膽，一生無愧。」可為他們一生之寫照。

　　蕭軍與蕭紅是魯迅晚年提拔的文學青年中，傾注心血最多的兩位。我們從一九三四年十月到一九三六年十月的短短兩年間，在《魯迅日記》中，有關與蕭軍交往的記載，多達一百三十條以上。而魯迅收到由蕭軍單獨署名的書信有五十九封，蕭軍、蕭紅聯署的有六封，共六十五封之多。而魯迅的回信有五十二封，其中致蕭軍的有三十三封，二蕭並稱者十九封。在身體健康日漸惡化的最後時光裡，魯迅還不惜用滿腔心血辛勤地灌溉這文藝新苗，也難怪蕭軍說：「這批書簡儘管名義上是寫給我們的，實質上卻是寫給當時全中國萬萬千千類似我們這樣文藝青年的。」於是後來，蕭軍便把這批書信加以整理，並交由許廣平保存。一九八一年蕭軍又為這批書信作了注釋，由黑龍江人民出版社出版《魯迅給蕭軍蕭紅信簡注釋錄》。據《魯迅日記》記載，蕭軍與魯迅的最後一次見面，是在一九三六年的十月十四日。五天後，魯迅溘然去世了，蕭軍的悲痛是可想而知的。半個多世紀之後，當時只年僅七歲的周海嬰有這麼回憶：「七八點鐘以後，前來弔唁的人也慢慢增加了，但大家動作仍然很輕，只是默默的哀悼。忽然，我聽到樓梯咚咚一陣猛響，外邊有一個人，搶起快步，跨進門來，我來不及猜想，人隨聲到，只見一個大漢，直奔父親床前，沒有猜疑，沒有停歇，沒有俗套和應酬，撲到床前，跪倒在地，像一頭獅子一樣，石破天驚的嚎啕大哭。他撲向父親胸前的時候，一頭扎下

去，好久沒有抬頭，頭上的帽子，沿著
父親的身體急速滾動，一直滾到床邊，
這些，他都顧不上，只是從肺腑深處，
旁若無人的發出了悲痛的呼號，傾訴
了他對父親的愛戴之情。我從充滿淚水
的眼簾之中望出去，看出是蕭軍。這位
重於友誼的關東大漢，前不幾天，還在
和父親談笑盤桓，替我們分擔憂愁呢！
而今也只有用這種方式來表達他對父
親的感情了。我不記得這種情景持續了
多久，也不記得是誰扶他起來勸住了他
的哭泣。只是這最後訣別的一幕，在自
己的腦海中凝結，形成了一幅難忘的畫
面。時光雖然像流水一樣般逝去，但始
終洗不掉這一幕難忘的悲痛場面。」

晚年的蕭軍揮毫寫詩

雖然時移世往，但四十年後的蕭
軍，在政治上尚未平反之際、在年邁古
稀之時，他以深情之筆，寫下了〈魯
迅先師逝世四十週年有感〉，詩云：
「四十年前此日情，床頭哭拜憶形容；
嶙嶙瘦骨餘一束，凜凜鬚眉死若生。
百戰文場悲荷戟，棲遲虎穴怒彎弓。
傳薪衛道庸何易？喋血狼山步步蹤。」

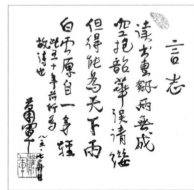

蕭軍的〈言志〉詩

又云：「無求無懼寸心忝，歲月迢遙四十年！鏤骨恩情一若昔，臨淵思訓體猶寒！囓金有口隨銷鑠，折戟沉沙戰未闌。待得黃泉拜見日，敢將赤膽奉尊前。」而到一九八八年四月十日，在深知自己的生命已走到盡頭之際，蕭軍在海軍總醫院的病房裡，再次向他的家人，傾訴了於內心積蓄了半個世紀多的情緣：「魯迅先生，是我平生唯一鍾愛的人，一直到我死的那一天，我都鍾愛他。希望你們也能如此。他是中國真正的人！」。

魯迅生前說胡風耿直，易招怨；說馮雪峰有浙東人的倔脾氣。魯迅從小康跌入困頓，閱盡人世滄桑、看遍人間嘴臉，自有入木三分、一語中的之能事。而所謂「耿直、倔脾氣」，其實就是中國農民氣質的表現，它不說是最重要但卻十分突出的一個重點就是：現實、實際、執著、務實、眼見為實。一旦有了這種「實」的體驗，那理論、思想、信念、意志等等，都同整個靈魂、心神融化為一，格外執著而堅定，輕易不

晚年的胡風難忘魯迅

會動搖，更不會放棄。而當時同受「五四」精神感召、陶冶而鑄造成的「獨立的人格」，由於種種主客觀因素的合力作用，其中的大部分人，到後來都或輕或重地漸漸喪失了、泯滅了人格獨立性，甚至於討伐和戕殺別的「異端」。唯獨胡風和馮雪峰兩人，始終保有其獨立的思考和探索及魯迅式的硬骨頭精神，在整個文化界中，在所有文化人裡，都是極其罕見的；也因此被視為「異端」，而厄運連連。可貴的是，在經過「文革」的風暴、在經歷了九死一生，他們偉大的人格沒被摧毀，反而更加清醒了。在那樣嚴酷和高壓下，馮雪峰卻艱難地堅守著「實事求是」的原則，不對落難的論敵周揚落井下石，並竭盡所能地抑制魯迅被神化的不良傾向；而胡風在初步得到平反後，即開始拼命的工作，重新審視過往的一切，仍舊堅守著獨立的思考。他們的表現是那麼的胸襟磊落、高風亮節，這不能不令人深深的為之震撼和感佩！

註1、3：錢理群《1948天地玄黃》，山東教育出版社，一九九八年。
註2：李輝《風雨中的雕像》，山東畫報出版社，一九九七年。

第九章

沈從文的生命沈思

一九四九年對沈從文來説，不僅是生命的生死交關，也是事業的轉捩點。雖然，最後他生命獲救了，但他的文學創作卻結束了，從此他轉入了文物的研究。四十多年後他的夫人張兆和女士這麼回憶道：「一九四九年二月、三月，沈從文不開心，鬧情緒，原因主要是郭沫若在香港發表的那篇〈斥反動文藝〉，北大學生重新抄在大字報上。當時他壓力很大，受刺激，心理緊張，覺得沒有大希望。他想用保險片自殺，割脖子上的血管……。當時，我們覺得他落後，拖後腿，一家人亂糟糟的。現在想來不太理解他的痛苦心情……。」一九九五年八月二十三日，張兆和在《從文家書──從文兆和書信選》的〈後記〉中，這麼寫著：「從文同我相處，這一生，究竟是幸福還是不幸？得不到回答。我不理解他，不完全理解他。後來逐漸有了些理解，但是真正懂得他的為人，懂得他一生承受的重壓，是在整理編選他遺稿的

1934年的沈從文與張兆和

現在。過去不知道的，現在知道了；過去不明白的，現在明白了。他不是完人，卻是個稀有的善良的人，對人無機心，愛祖國，愛人民，助人為樂，為而不有，質實素樸，對萬匯百物充滿感情。照我想，作為作家，只要有一本傳世之作，就不枉此生了。他的佳作不止一本。越是從爛紙堆裡翻到他越多的遺作，哪怕是零散的，有頭無尾，有尾無頭的，就越覺斯人可貴。太晚了！為什麼在他有生之年，不能發掘他，理解他，……。」

是的，對於許多人而言，沈從文的轉業至今仍然是個謎。從一九四九年一月起，沈從文被認為陷入「精神失常」。在《從文家書》中的〈囈語狂言〉這一部分，匯編了沈從文「生病」過程中，所留下的一些文字材料。一般人很容易把沈從文的「瘋狂」視為外力逼壓的結果，當時的事實也很容易為這種看法提供有力的證據；同時我們也必須承認左翼文化人，如郭沫若的〈斥反動文藝〉、邵荃麟的〈對於當前文藝運

中國近現代文人心靈的探尋

動的意見〉、馮乃超的〈略評沈從文的
「熊公館」〉等文章的激烈批判，令沈
文心懷憂懼，憂懼的主因還不是這種批
判本身，而是這種批判背後日益強大的
政治力量的威脅。一九四九年沈從文的
「瘋狂」，這些因素都是直接的，確實
是難逃其咎。

　　然而就沈從文自身的思想發展來
說，也有內在的緣由。這需要追溯到
四十年代前半期，沈文在昆明寫作〈綠
魘〉、〈燭虛〉、〈潛淵〉、〈長庚〉
諸文章的時期。一九三七年「七七」
事變後，北平已不可久留，沈從文的兩
個孩子，當時還小，一個不滿三歲，一
個才只出生幾個月，張兆和因此覺得與
其一家人相互拖累而陷入絕境，倒不如
暫時分開。於是沈從文便跟楊振聲、朱
光潛等一批學者結伴，化裝逃離北平。
經天津、濟南、南京、武漢、長沙、沅
凌，於一九三八年四、五月間才抵達昆
明。而張兆和則攜沈從文的九妹岳萌和
兩個孩子，經香港再取道越南、河內，
於一九三八年十月底，才抵達昆明。

沈從文、張兆和及長子龍朱及九妹岳萌

在雲南昆明的九年，是沈從文人生旅程中最痛苦、靈魂最受煎熬的日子。學生林蒲在〈沈從文先生散記〉中曾說，在西南聯大任教時，沈從文「受到了左的或右的打擊。沈從文的路子是最寂寞的！他是默默在固執走著他的寂寞的路子。」而沈從文自己也多次談到相關的問題——在〈時空〉中講過「寂寞的死」；在〈從現實學習〉裡，說到在昆明的年月，「相當寂寞，相當苦辛」；在〈散文選譯序〉中，甚至說他一生所寫的散文，都「帶著一份淡淡的孤獨悲哀。」

　　一九三九年和一九四〇年，沈從文寫了〈一般或特殊〉和〈新的文學運動與新的文學觀〉（修改稿在收入《雲南看雲集》時，易名為〈文學運動的重造〉）等文章，強調文學有特殊性，和一般的政治宣傳品有區別；說專家和作家要「埋頭做事」、「沈默苦幹」，和「統治者或指導者，部長或參政員」，有所不同。他反對文學事業「過度商品化與作家純粹清客家奴化」，不能屈從於商業和政治壓力，而這些論點在當時即受到巴人、楊華、郭沫若等人的批判。郭文說：「抗戰期間作家以他的文筆活動來動員大眾，努力實際工作，而竟目之為『從政』，不惜鳴鼓而攻，這倒不僅是一種曲解，簡直是一種誣蔑！」。

　　而右面而來的壓力，似乎也不放過他。在〈從現實學習〉一文裡，沈從文曾說：「我的作品一部分，又受到愚而無知的檢查制度所摧毀。」。在一九四二年寫的〈長河‧題記〉中，他說得更詳細：《長河》因忠實於生活（它觸犯「新生活運動」和國民黨政府的民族歧視、民族壓迫政策），在「目下檢查制度」之下，「不免多觸忌諱」；它「最先在香港發表，即被刪節了一部分，致前後始終不一致。去年重寫，分章發表時，又有部份篇章不能刊載。到預備在桂林印行送審

時，且被檢查處認為思想不妥，全部
扣留。幸得朋友為輾轉交涉，逕送重
慶複審，重加刪節，經過一年方能發還
付印。」。而據學者金介甫說，除《長
河》外，《雲南看雲》、《記丁玲續
篇》也被查禁；「檢查官還不許印行沈
從文近三十種文集，前後達四年之久。
有九篇寫農村的小說，雖然過去已印
行過，依然被加上『與抗戰無關』的批
語，不許再印。」

《記丁玲》及其續編

除此而外，來到抗戰大後方的沈
從文，看到社會情形跟戰前的北京並沒
有兩樣。國民黨政府的大小官吏，一如
既往，顢頇貪婪，仗勢枉法。另外濫發
紙幣，造成物價飛漲。分配不公，使一
個大學教授的收入，竟不如一個堂倌或
理髮師，一個優秀圖書館員的薪給，不
及「資源委員會」的一個門房。聞一多
靠出售圖章，李晨嵐靠賣畫、董作賓靠
賣字來貼補家用。而沈從文所一貫厭絕
「唯實唯利」的人生態度，正像瘟疫一
樣蔓延，流行於社會的各行各業。政治
的黑暗與腐敗，使得許多優秀的頭腦，

聞一多刻印

失去了應有的「靈敏與彈性」。有的熟人變得玩世不恭，成日在牌桌上消磨時日，卻又假裝灑脫：「國家到這樣子，全是過去政治不良，不關我的事！我難受，我能幹什麼？我不玩牌更難受！」。有的人甚至反唇相譏：「你以為你一個人對國家特別熱情？你去『愛國家』，好！我玩牌不犯法，比貪官污吏好得多！」。

面對如此的現實，沈從文寫下了諸多沉思默想式的自傳性散文，他不斷地同自己的靈魂對話。他在〈燭虛〉中說：「我實需要『靜』，用它來培養『知』，啟發『慧』，悟澈『愛』和『怨』等等文字相對的意義。到明白較多後，再用它來重新給『人』好好作一度詮釋，超越世俗愛憎哀樂的方式，探索『人』的靈魂深處或意識邊際，發現人，說明『愛』與『死』可能具有若干新的形式。這工作必然可將那個『我』擴大，占有更大的空間，或更長久的時間。」沈從文不斷地尋找自我，尋找屬於自己的那分寧靜與孤獨，為的是勘探自我的「存在」，然後「使生命之光，煜煜照人，如燭如金。」於是我們看見一個「鄉下人」，隻身叩擊命運大門的身影。在鄉村與城市之間、傳統與現代之間、人類與自我之間，沈從文時常有一種「吾喪我」的自我迷失感。最後他「明白了自己，始終還是個鄉下人」。「我發現在城市中活下來的我，生命儼然只淘剩一個空殼」，正如一個荒涼的原野，生命已被「時間」、「人事」，剝蝕將盡了。這是沈從文對自我的反省，也是對人類性靈迷失的「燭照」。

於是他在〈潛淵〉中又寫下一段話：「我目前儼然因一切官能都十分疲勞，心智神經失去靈明與彈性，只想休息，或如有所規避，即逃脫彼噬心嚙知之『抽象』。由無數造物空間時間綜合而成之一種美

的抽象。然生命與抽象固不可分,真欲逃避,唯有死亡。是的,我的休息,便是多數人說的死。」。而在〈生命〉中,他說:「我正在發瘋。為抽象而發瘋。我看到一些符號,一片形,一把線,一種無聲的音樂,無文字的詩歌。我看到生命一種最完整的形式,這一切都在抽象中好好存在,在事實前反而消滅。」沈從文想到「生命」這件事,就如同宣佈他正在遠離他的同類,趨近於一個瘋子的世界──這個世界只有少數的瘋子才能領略和體會,其絢爛與多彩,遠離了獸性,而見出自然的巧妙與莊嚴。

沈從文在這段期間,思想上出現巨大的迷茫,他陷入苦苦思考的泥淖而難以自拔。用他自己的話來描述,就是「由於外來現象的困縛,與一己信心的固持,我無一時不在戰爭中,無一時不在抽象與實際戰爭中,推挽撐拒,總不休息。」。要說「瘋」,沈從文這時候就開始「瘋」了。而我們將它和後來他「生病」期間的「囈語狂言」,兩相對照,我們發現有很多驚人的相似。他在一九四九年一月三十日張兆和給他的信中的批語,有這麼兩段:「給我不太痛苦的休息,不用醒,就好了,我說的全無人明白。沒有一個朋友肯明白、敢明白我並不瘋。大家都支吾開去,都怕參預。這算什麼,人總得休息,自己收拾自己有什麼不妥?學哲學的王遜也不理解,才真是把我當了瘋子。我看許多人都在參預謀害,有熱鬧看。」「金隄、曾祺、王遜都完全如女性,不能商量大事,要他設法也不肯。一點不明白我是分分明明檢討一切的結論。我沒有前提,只是希望有個不太難堪的結尾。沒有人肯明白,都支吾過去。完全在孤立中。孤立而絕望,我本不具有生存的幻望。我應當那麼休息了!」。

湘西是沈從文的精神家園

　　在這些話語中，沈文把自己和所有朋友區別、隔絕開來，他認為在社會和歷史的大變局中，他們都順時應變或得過且過，而他卻不能如此、也不願如此。他意識到「完全孤立」（這和左翼文化人對他的猛烈批判有關），但他不承認自己的「瘋」。學者張新穎認為，我們又再次看到他「鄉下人」的品性，在此時特別執拗地顯現出來，在他沒想通之前，他是不會順時應變的。但一個並沒有巨大神力的普通人，身處歷史和時代的狂濤洪流中，想保持不動，不與泥沙俱下，這在「識時務」者的「明智」觀點來看，它當然是一種「瘋狂」。大環境如此，小環境又何嘗不是如此！當時沈從文一家四口，從張兆和到上學的孩子，都在追求「進步」而且不斷敦促沈從文追求「進步」。日常

中國近現代文人心靈的探尋

生活中無形的壓力，無論如何無法視而不見。熱心的敦促沒有實質效果，就慢慢冷卻成了生疏。沈從文說：「家中人對我生疏日甚，別的人對我生疏，更可想而知。」舉世皆「動」，對沈從文而言，不僅形成幾乎無所不在的壓力，有時還要露出殘酷和血腥的一面。

　　這種情勢其實在沈從文心中相當清楚，他在二月二日覆張兆和信中寫道：「你說得是，可以活下去，為了你們，我終得掙扎！但是外面風雨必來，我們實無遮蔽。我能掙扎到什麼時候，神經不崩毀，只有天知道！我能和命運掙扎？」。我們看到沈從文和生命做困獸之鬥，最後他萬念俱灰，他只圖早日結束自己生命的絕望情緒──「燈熄了，罡風吹著，出自本身內部的旋風也吹著，於是熄了。一切如自然也如夙命。」雖然，他的生命獲救了，但他的文學創作，卻「提前結束」了。

第十章

誰殺了大作家？

一九四八年十二月七日，沈從文在寫給一位名叫「吉六」的青年作家的信中說：「大局玄黃未定……一切終得變。從大處看發展，中國將進入一個嶄新的時代，則無可懷疑。」，而為了適應這種變化的新形勢，他明確表示自己過去的那種「傳統寫作方式以及對社會態度，值得嚴肅認真加以檢討，有所抉擇。對於過去種種，得決心放棄，重新起始來學習。」但接著他又感受到適應上的困難，他說：「人近中年，情緒凝固，又或因情緒內向，缺少社交適應能力，用筆方式，二十年三十年統統由一個『思』字出發，此時卻必須用『信』字起步，或不容易扭轉。過不多久，即未迫擱筆，亦終得把筆擱下。」

而同年七月三十日，沈從文在給夫人張兆和的信中，卻記載著他和兒子沈虎雛的一段對話：「爸爸，人家說你是中國的托爾斯泰。世界上讀書人中，十個中就有一個知道

沈從文、張兆如與沈虎雛（1954年）

托爾斯泰，你的名字可不知道，我想你不及他。」「是的，我不如這個人。我因為結了婚，有個好太太，接著你們又來了，接著戰爭也來了，這十多年我都為生活不曾寫什麼東西。成績不大好。比不上。」「那要趕趕才行。」「是的，一定要努力。我正商量姆媽，要好好地來寫些。寫個一二十本。」「怎麼，一寫就那麼多？」「肯寫就那麼多也不難。不過要寫得好，難。像安徒生，不容易。」「我看他的看了七八遍，人都熟了。還是他好，《愛的教育》也好。」而僅僅四個月，這個「做世界級大作家、中國的托爾斯泰」的文學夢，卻徹底地破滅！而再過了四個月後，沈從文更在日益嚴重的精神恍惚狀態下，用小刀割開手臂上的血管，他選擇了自殺。

　　長期以來，沈從文一直是主張文藝獨立於政治的。他關心文學之外，也關心著政治。但他卻不是政治中人，也實在不懂政治，他只是與中國的傳統文人一樣，喜歡書生議政。他希望通

過文學達到「理性治國」、「教育治國」的目的，自稱「知識和權力相比，我願意得到智慧，放下權力」，甚至打算成立「第四組織」，「來重造這個國家」。他曾把文學的社會功用放到極重要的地位，認為「文字猶如武器，必好好用它，方能見出它的力量。誠如康拉德所說，『給我相當的字，正確的音，我可以移動世界』。」而正是從這種使命感與責任感出發，沈從文從未停止過對宇宙、人生、政治與文學關係的探討。但他對政治有著另一種解釋，他認為「用愛與合作代替奪權，來解釋『政治』二字的含義，真正的進步與幸福，在這種憧憬中，才會重新來到人間」。他堅決反對從政治出發從事文學創作，他認為急功近利的政治目的，只能導致作品的標語化、口號化。他主張「詩可以為『民主』或『社會主義』或任何高尚人生理想作宣傳，但是否是一首好詩，還在那個作品本身。」他舉例說「丁玲他們為什麼去了（案：到延安），反倒沒有什麼作品了呢？」；何其芳沒有寫出更多的好作品，也是因為心思過多地放在政治上了，「他們是隨了政治跑的。」

　　沈從文既憎惡國民黨的黑暗統治；而對於共產主義，他也感到理想與現實，「太相懸隔」。因此他曾多次撰文對正在進行的國、共兩黨的戰爭，進行猛烈的批評。例如說「歷史上玩火者的結果，雖常常是燒死他人時，也同時焚毀了自己。可是目前，凡有武力武器的，恐都不會那麼用古借今。可是燒到後來，很可能什麼都會變成一堆灰，剩下些寡婦孤兒……」。沈從文認為這場內戰與二十年前軍閥政客間的爭奪，有著某些相似之處，是由人類的愚行挑起的「民族自殺的悲劇」。因此沈從文把民族新生的希望，寄託在非黨非派、獨立自由、

學有專長、富有理性，敢於懷疑與否定的知識份子身上。為了保持這種獨立性（左、右、中之外的「第四條路線」），他曾斷然拒絕了學生兼好友蕭乾，要他在「第三條線」（中間路線）發起人名單上簽名的邀請，為此引起了蕭乾的不滿，甚至影響了他們往後的從「師生變成陌路」的景況。

一九四八年，隨著前線共軍的節節勝利，後方左翼文藝界，對不利於解放事業的資產階級自由主義思想的批判與清算，也愈趨猛烈。沈從文在這方面議論最多，且具代表性，因此很自然他就成了這場批判的箭靶。邵荃麟批他的〈一種新希望〉──指斥他鼓吹「中間路線」、「新第三方面運動」，實質上是國民黨「和平陰謀的一部份」，擔任的角色是介於「二丑與小丑之間」的「三丑」，「是直接作為反動統治的代言人」。馮乃超批他的〈芷江縣的熊公館〉，說是「地主階級的弄臣沈從文，為了慰娛他沒落的主子，也為了以緬懷過去來欺慰自己，才寫出這樣的作品來，然而這正是今天中國典型地主階級的文藝，也是最反動的文藝」。

而左翼文化界領袖郭沫若更在〈斥反動文藝〉一文，給予沈從文致命的一擊，他說：「什麼是紅？我在這兒只想說桃紅色的紅。作文字上的裸體畫，甚至寫文字上的春宮，如沈從文的《摘星錄》、《看雲錄》，及某些作家自鳴得意的新式《金瓶梅》，儘管他們有著怎樣的藉口，說屈原的〈離騷〉詠美人香草，索羅門的〈雅歌〉也作女體的頌揚，但他們存心不良，意在蠱惑讀者，軟化人們的鬥爭情緒，是毫無疑問的。特別是沈從文，他一直是有意識的作為反對派而活動著。在抗戰初期全民族對日寇爭生死存亡的時候，他高唱著『與抗戰

無關』論；在抗戰後期作家們加強團結，爭取民主的時候，他又喊出『反對作家從政』；今天人民正『用革命戰爭反對革命戰爭』，也正是鳳凰毀滅自己，從火中再生的時候，他又裝起一個悲天憫人的面孔，謚之為：『民族自殺的悲劇』，把我們的愛國青年學生斥之為『比醉人酒徒還難招架的衝撞人群中小猴兒心性的十萬道童』，而圖在報紙副刊上進行其和革命游離的第三方面，所謂『第四組織』。（這些話見所作〈一種新希望〉，登在去年十月二十一日的《益世報》。）這位看雲摘星的風流小生，你看他的抱負多大，他不是存心要做一個摩登文素臣嗎？」。

而以郭沫若當時的政治地位，以如此無情的批判，對沈從文而言，是「生命難以承受之重」的。一九四九年一月二日，沈從文在為他的《七色魘集》擬目時，在〈綠魘〉校正本上，寫下了這樣的文字：「我應當休息了，神經已發展到一個我能適應的最高點上。我不毀也會瘋去。」不久，北大校園更出

郭沫若

《中國古代服飾研究》及郭沫若的〈序〉

現了用大字報轉抄的郭沫若的〈斥反動文藝〉和「打倒新月派、現代評論派、第三條路線的沈從文」的大幅標語。沈從文的兒子虎雛回憶當時的情況說：「這顆無聲的政治炮彈，炸裂的時機真好，把他震得夠嗆，病了。」。此時沈從文陷入一種孤立下沈，無可攀援的絕望：「清算的時候來了！」。他覺得時時受到監視，一張巨網正按計劃對他收緊，逼他毀滅。他長時間獨坐嘆息，喃喃自語：「生命脆弱得很，善良的生命真脆弱啊……」。在極度恐懼中，他萬念俱灰，只圖早日結束自己生命的絕望情緒──「燈熄了，罡風吹著，出自本身內部的旋風也吹著，於是熄了，一切如自然也如夙命」。在悲觀絕望的哀嘆聲中，沈文拿起刀子，刺向了自己的血管……。

　　自殺未遂的沈從文，轉而投身於古文物之研究。在故宮及歷史博物館的高牆大院裡，《龍鳳藝術》、《唐宋銅鏡》、《戰國漆器》，甚至《中國古代服飾研究》等等鴻篇巨著，伴隨著沉寂的生命，相繼地問世了。（弔詭的是在三十年前批他的郭沫若，卻在三十年後為該書撰寫序文，讚譽有加。）這期間雖然有一段很長的日子裡，沈從文並沒有忘情於文學的創作，但終究並沒有寫出作品。「一朝被蛇咬，十年怕草繩」，那種恐懼，終生蠶食著他的心靈，有如夢魘般揮之不去。在一九五六年十二月十日，給張兆和的信，他作了揭示──他一方面為自己這樣一隻曾經寫過《湘行散記》的「好手筆」，竟然「隱姓埋名」，不再「舞動手中的一支筆」，而感到「可惜，可惜」；他也認為這簡直是一個「不大好猜的謎」。另一方面，又由一千多年前的曹子建想到了自己，認為曹子建之所以沒能「多寫幾首好詩」，是因為當時「有許多人望風承旨，把他攻擊得不成樣子」，而「《湘行散

記》的作者不能再寫文章，情形也許相同。」。是的，沈從文從此不得不熄滅他對文學的眷戀之情。一個偉大的作家，就這樣被迫從此封筆了。

而尚有更甚者，那是在大陸方面，沈從文更從文學史中消失了。諸多文學史著作，除在有關文學運動的章節中，完全移用郭沫若、馮乃超對沈從文的政治批判外，對他作品的敘述與評價，完全付之闕如。這種「不公」的情形，長達近三十年，直到八〇年代才改觀。三十年間，沒有一篇有關沈從文的研究文字發表，圖書館裡，連稍像樣一點的沈從文作品或研究資料目錄也沒有。而被郭沫若點名批判的《看虹錄》（粗心的郭沫若把篇名說成《看雲錄》），甚至在一九八二年出版的《沈從文文集》和一九九二年出版的《沈從文別集》中，都未見收錄。（案：二〇〇二年由張兆和主編的三十二卷本《沈從文全集》，已收入該文）。

《看虹錄》初寫於一九四一年七月，經過重寫後，發表於一九四三年

《湘行散記》書影

《邊城》是沈從文的代表作

七月桂林《新文學》雜誌的創刊號。它是沈從文四〇年代寄居昆明時期的重要小說。昆明八年，對沈從文而言，不僅是居住地、生活環境上的改變；更是沈從文在人生閱歷、思想追求，相應地在創作上，也有自覺追求和突破的特殊階段。這期間他更注重從個體的生命體驗出發，追求他所說的「抽象的抒情」。因此《看虹錄》擺脫了《邊城》的寫實風格，整篇作品帶有濃厚的哲理色彩和象徵意味。而為了尋求合適的表達形式，沈從文還在文中進行了多種文本實驗，既有隱喻性語言模式的極致表達，及轉喻式多種故事結構方式的嘗試，也有心理現實主義和佛洛依德思想影響下的心理分析小說的實踐。儘管這篇小說的實驗是不成功的，籠罩全篇的焦灼、迷亂的情緒，壓垮了沈從文的敘事能力；但對於一個名作家敢於突破自己的膽識和不斷探索的精神，沈從文無疑是第一人。

《看虹錄》整篇小說是種隱喻，作家精心描繪的女人與鹿的身體，都顯然不是肉慾的對象，而是「神性」的凝結，它抽象化為一種「古典、莊嚴、雅致的美」的形式。但首先是《新文學》編者主觀指認小說表現了作家「一貫的肉慾追求」，接著批評家許杰更將它列入「色情文學」，指責其「毒害青年」；最後是郭沫若以不容置疑的權威地位，以「粉紅色的反動文藝」的罪名，給予了致命一擊。大家均刻意忽視作家在藝術上的創新與實驗，而只著眼在文藝上的討伐異己。

於是我們看到一位世界級的作家，先是被迫自殺，最後又被迫封筆（也是另一種慢性自殺），這難道不是魯迅先生所說的「罵殺」嗎？它將造成何種後果呢？誠如沈從文的弟子汪曾祺先生在〈沈從文轉業

之謎〉中所說的那樣：「就沈先生個人，無所謂得失。就國家來說，失去一個作家，得到一個傑出的文物研究專家，也許是划得來的。但是從一個長久的文化角度來看，這算不算損失？如果是損失，那麼，是誰的損失？誰為為之？孰令致之？這個問題是很值得我們深思的。」

汪曾祺與沈從文

第十一章

朝聖者的幻滅

一九四九年十月一日，中華人民共和國成立。十天後以「駱駝祥子」享譽文壇，並已旅美三年半的老舍，應周恩來總理之邀，決定返國。同年年底，他回到北京。面對新中國，老舍激動地歡呼：「我愛，我熱愛這個新社會啊！」。歸國之後，老舍首先找來《毛澤東選集》，認真學習了〈在延安文藝座談會上的講話〉，並在《人民日報》發表了〈毛主席給了我新的文藝生命〉一文，談了自己的狂喜心情。老舍在文章說：「讀完了這篇偉大的文章，我不禁狂喜。在我以前所看過的文藝理論裡，沒有一篇這麼明確地告訴過我：文藝是為誰服務的，和怎麼去服務的。」。這一批從「五四」新文學傳統中成長起來的作家，在面對新時代的感情，是極其複雜的。不提已出奔海外的作家，就以留在大陸迎接新政權的作家而言，他們的內心世界是各自不同的，有的縱情歡呼，有的小心窺視，有的驚惶失措，也有的隱姓埋名

老舍（左）與曹禺（右）1946年在美國

五〇年代的老舍

……。

　　老舍他們，不同於來自左翼文學陣營，和長期配合共產黨進行政治鬥爭的進步民主人士。他們自知與新的時代要求，有一定距離，但又希望通過互相諒解，來達成一種新的契約關係。於是他們除了努力跟隨時代、歌頌新生活之外，別無選擇。尤其就如周揚在全國第一文代會上，斬釘鐵地宣佈：「毛主席的〈在延安文藝座談會上的講話〉，規定了新中國的文藝的方向。解放區文藝工作者，自覺地、堅決地實踐了這個方向，並以自己的全部經驗，証明了這個方向是完全正確。深信除此之外，再沒有第二個方向了，如果有，那就是錯誤的方向。」從此毛澤東的文藝思想，已被「定於一尊」。一切文藝，都為工、農、兵服務。毛澤東首先要把這些作家，訓練成為「社會主義的新人」。正如論者所指出的：「利用國家機器的巨大權力，舉辦一個規模空前的大學校。但這個學校不是傳授知識，而是習得話語。」

　　為此這批作家，開始自責自己，繼則要改造自己。他們開始否定自己的舊作，繼則殘酷地肢解、修訂自己的舊作。老舍在一篇文章中表示：「現在，我幾乎不敢再看自己在解放前所發表過的作品。那些作品的內容多半是個人的一些小感觸，不痛不癢，可有可無。它們所反映的生活，乍看確是五花八門，細一看卻無關宏旨。」老舍對自己過去的作品的否定，有一定的違心之言，但為了贏得改造的真誠，這種自責得極為痛心而徹底的背後，正如《曹禺傳》的作者田本相所指出的：「內心深處可能是一種迷茫和惶惑，隱約透著深刻而內在的文藝思想的危機。這些，都是他當時不可能意識到的。因為，在同舊的一切大決裂的日子裡，在轟轟烈烈的運動中，掩蓋了這深層意識的矛盾。」是的，曹禺如此，老舍如此，巴金又何嘗不如此！！

　　後來老舍在一九五七年，發表了〈自由與作家〉文中指出：「文學有它本身的規律性。名為文學作品，而全由政治術語堆砌而成，是誰也不願意看的。」「如果作家在作品中，片面的強調政治，看不到從實際生活體驗出發，來進行寫作的重要性，他們的作品自然會流於公式化、概念化、老一套。」「行政干預，不論動機如何善良，總會妨礙作家作出真正的藝術作品來。」「我們還應當鼓勵每個作家，發揚自己的風格，而不是阻礙他們──我們文學作品的風格，應當是千變萬化，而不是千篇一律、如出一轍。對文學創作上的不同流派，我們應當鼓勵，而不是消極反對。」這些不乏真知灼見的文藝觀點，應當說是代表了深埋在老舍心底的真實的聲音。

　　然而在現實裡，老舍為宣傳，為趕任務，為配合新政策，放棄的東西實在太多了。他毫不猶豫地應命而行，拋開了熟悉的題材，撇下

老舍的代表作《駱駝祥子》

「人民藝術家」的獎狀

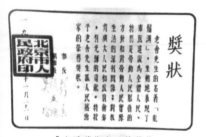

《龍鬚溝》、《方珍珠》書影

了慣用的體裁，也一次又一次地，失落著獨到的風格，自覺自願地，讓自己的筆，成了大街上標語工人手裡的刷子，和為突擊宣講婚姻法而臨時架起的麥克風。這時曾被周揚讚為「文藝隊伍裡的一個勞動模範」，徒然成為一種無可奈何的反諷。

一九五一年十二月廿三日，由於《龍鬚溝》演出盛況空前，北京市人民政府授予他「人民藝術家」的光榮稱號。這對老舍自然是極大的鼓舞，尤其更激起了他歌頌新時代的創作熱情。中國文人一旦感受知遇之恩，很容易讓在運思行事上偏於理想主義的人們，心裡極度膨脹起來。老舍曾說：「中國作家今天受到的黨與政府的關懷，和人民的敬愛，是史無前例的。」在這個心理背景下，老舍當仁不讓地擔起了一大堆社會工作。據統計，它們包括了二十七個團體的三十個職務，如：北京市節約檢查委員會委員、中印友好協會理事、政務院華北行政委員會委員、北京市貫徹婚姻法運動委員會委員等等。基於責任

感也好，榮譽感（甚至一點點虛榮心）也好，知恩報德也好，為人民服務也好，總之，這麼多職務，無疑時時消耗著他的精力，這也是影響到他創作水平的原因之一。

在大多時間裡，我們看到老舍不無盲目地忙碌著，忙得失去了方向，而對於影響老舍創作成績的，還有另一個外在因素，那就是時時急轉風向的批評氣氛。粗暴的批評與外行的建議，對老舍創作（製造）不少次品、廢品，是要負直接責任的。老舍曾經因某些作品反響不佳，而迅速調整寫作路，也曾經聽從那些七嘴八舌的批評，而猛改劇本，《方珍珠》因此終告失敗。更滿懷熱望，受命（還是受毛、周之命！）而寫電影劇本《人同此心》，和投入極大熱情改寫諷刺話劇《澡堂》，但卻遭到胎死腹中的厄運。因此，老舍在一九六二年，曾不無感慨地說：「從一九五〇年到現在，我寫了不少東西。光說劇本，就有十幾部。其中，沒有一本出色的。」，這不無肺腑之言。

在話劇這種文體上，走了彎路後，老舍再回到寫小說上，那是他已遠離十餘年後的回歸。他終於磨磨筆鋒、蓄蓄銳氣，開始構思，並撰寫《正紅旗下》，時間大約在一九六一年底，這是老舍第二次的返歸小說。據老舍的摯友羅常培在〈我與老舍〉一文中透露，早在一九三四年，老舍就曾經計劃寫一部以清末北京社會為背景的家傳性質的歷史小說，並著手蒐集過一些材料。而一九四九年春，老舍在給趙家璧先生的信裡，他曾「詳細講到了他計劃回國準備以北京舊社會為背景的三部長篇歷史小說：他的計劃是第一部小說，從八國聯軍洗劫北京起，寫他自己的歷史；第二部小說，寫舊社會的許多蘇州、揚州女子被拐賣到北京來，墮入八大胡同，娼妓火坑的種種悲慘結局；

第三部小説，寫北京王公貴族，遺老遺少在玩蟋蟀鬥蛐蛐中，勾心鬥角，以及他們如何欺詐壓迫下層平民的故事。」他信中還説，這三部長篇，可以放在全集的最初部分，陸續出版。那將是第二個十卷中的壓軸之作，將和第一個十卷中的第一部分《四世同堂》，成為首尾兩套重點著作。（見趙家璧〈老舍和我〉一文）。這個偉大計劃雖然遲了十餘年，但老舍在寫下《正紅旗下》的第一句話時，想必是滿懷著，把這三部作品陸續完成的雄心壯志的。

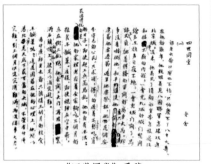

《四世同堂》手稿

然而就在作家動筆的半年多之後，他停筆了，何以如此呢？老舍的夫人胡絜青女士在〈寫在《正紅旗下》前面〉一文中，有過分析。她說：「一九六二年下半年，那位『理論權威』（案：指康生）對小説《劉志丹》下了毒手，製造了一起涉及面極廣的錯案，株連了一大批黨的高級幹部和文藝工作者。這股現代文字獄妖風一起，傳記小説這個體裁，便受到了嚴重的威脅，誰願意莫名其妙地因為小説，而被戴上『反黨』的

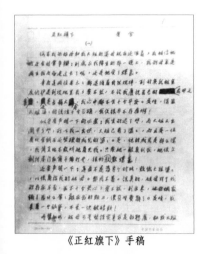

《正紅旗下》手稿

大帽子呢？轉過年來，張春橋又提出了『大寫十三年』的口號。這樣的口號並難不住老舍，誰都知道，十幾年來，他寫了大量描寫新人新事的作品。然而，這個口號的發明者名曰『大寫十三年』，實則扼殺『雙百』方針，一串又一串禁令，接踵而來，像《正紅旗下》這類作品只好不寫，束之高閣。我想，這些文藝政策上的不正常現象，就構成了《正紅旗下》既沒寫完，又沒發表的原因。」

作家停筆了，但康生及「四人幫」的反革命陰謀活動，卻不曾停止。「文化大革命」爆發了，大批作家、藝術家，遭到更大的迫害。一九六六年八月廿四日，老舍因此自沈太平湖。冷落在書桌抽屜裡的《正紅旗下》，再也不可能完成了。僅僅十一章、八萬字的《正紅旗下》，顯然只是作家構思中的鴻篇巨帙的一個開頭，它永遠只能是一個開頭了！正如作家在辭世前的四個月時含淚所說：「這三部已有腹稿的書，恐怕永遠不能動筆了！……這三部反映北京舊社會變遷、善惡、悲歡的小說，以後也永遠無人能動筆了！……」。

文革初起時，老舍就滿懷憂慮地對兒子舒乙說：「又要死人啦，特別是烈性的人和清白的人」。又說：「歐洲歷史上的『文化革命』，實際上，對文化和文物的破壞都是極為嚴重的。」八月二十三日，在成賢街孔廟燒書時，老舍很誠懇地對紅衛兵說：「我老了，這是國家的文化，不要破壞它，如果願意，把書拿走吧，千萬不要燒」。而當紅衛兵把書堆到大理石走廊上，澆上煤油燒時，他發瘋似地跳到火堆裡去搶書，這一舉動自然引發了那些狂熱的紅小將的毆打。而根據學者傅光明最近的調查，由於女作家草明的誣指老舍在美國拿了「駱駝祥子」的版稅，在當時反美帝的情況下，老舍成了紅小

將眼中的「通敵份子」，自然是罪不可赦。因而舒乙說：「在孔廟，父親受傷最重，頭破血流，白襯衫上淌滿了鮮血」（見〈父親最後的兩天〉）。

老舍受到駭人聽聞的毒打和凌辱，他決定不再低頭，不再舉寫著他名字的牌子，他抬起了滿是血跡纏著一條戲裝上的白水袖的頭，把舉過頭頂的牌子，猛地向身邊那兩個紅衛兵砸去！看得出，他是用盡全身僅有的餘力！論者指出，在幾十萬紅衛兵大軍雲集北京的時候，在全國剛剛發動起來的時候，敢打紅衛兵的，老舍是第一人，而且僅此一人！於是他被當成「現行反革命」，他立即被憤怒的人群吞沒，換來的又是另一場毒打。八月廿四日，老舍帶著渾身傷痕，一早離家，說是要去單位參加運動。但結果他去的是太平湖，一個離他二十歲時任北京外城北郊勸學員的辦公處不遠，也離他親愛的母親去世前居住的觀音庵胡同不遠的荒涼小公園。在湖邊的長椅上，他坐了整整一天。動也不動，像石雕一般。深夜時分，他持一卷手抄的毛主席詩詞，走進了冰涼的湖水中。

這一天當中，老舍想了些什麼，甚至可能寫過些什麼，已經無從得知。前一夜，當老舍夫人將他從六部口派出所領回家中，為他清洗傷口時，他曾對夫人說：「人民是理解我的！黨和毛主席是理解我的！總理是最了解我的！」。也許死前老舍反覆想的是這幾句話？而湖面飄浮著，老舍工整特有的毛筆字抄寫的毛主席詩詞，其中〈卜算子·詠梅〉寫著：「風雨送春歸，飛雪迎春到，已是懸崖百丈冰，猶有花枝俏。俏也不爭春，只把春來報，待到山花爛漫時，她在叢中笑。」，似乎又透露出極其隱晦複雜的「遺言」。它暗示出知識者

老舍自沉於太平湖中

氣節風骨的堅守，也表示出對毛澤東發動這場「文革」的情緒性的憤懣。曾經自稱是「歌德派（歌功頌德）」、曾經是朝聖者的老舍，此時由憤懣、而抗議、而幻滅，他多少帶有一點「從道不從君」的「以死諫之」的成份了。老舍不願再蒙受新的屈辱，也不願因自己而牽連家人。他看不到前景，也無法預測未來，在這樣的情況下，「死」，對於他，也許才是最好的、唯一的選擇。

　　解放後，老舍的思想及創作歷程是曲折的。在政治思想上，他自覺誠摯地靠攏共產黨和追求進步，他總是在主觀上竭盡全力，努力去跟上時代，問題在於他的主觀努力愈熾熱，他就愈是在客觀上背離了自己的創作個性，而導致藝術上的「變調」。而一旦當他回到自我、調整自我之後，又都毫無例外地在創作上，得到深化和飛躍。《茶館》和《正紅旗下》，就是最明顯的例子。

老舍故居依舊，
但主人卻一去不返了。

老舍最後的遺影

一九五八年，老舍在一篇題為〈生活，學習，工作〉的短文中説：「在一個新社會裡，有什麼比急起直追，爭取吸收新知識、新經驗更可貴的呢？假若我在新社會裡不肯前進，冷笑著放下筆墨，我不但失身分，而且失去生命－－寫作的生命。」學者蘇煒指出，在新時代裡，是確確實實給了老舍一條「寫作的生命」，可是卻因此，讓他最終丟掉了「文學生命」與肉體的生命。而被他隱指為「新社會裡不肯前進，冷笑著放下筆墨」的沈從文，卻反而因為甘於

「落伍」而得以保全性命,而最後甚至看到自己文學生命,重見天日的一天。老舍當年在一聲喊「打」中,蛻變為「新人」;卻又在十幾年後的文革喊「打」聲中,跳進了太平湖。這未嘗不是一種反諷,然而上蒼的促狹,也未免太狠毒了,真可說是「天地不仁」呀!

第十二章　清醒於混沌之中

一九九六年十二月十三日的黎明，戲劇大師曹禺走下了他的舞台，告別人世。一年後，他的夫人李玉茹女士編了《沒有說完的話》一書，蒐集曹禺生前的日記、書信、詩文等。李玉茹說：「這兒選擇的是日記的一部份，其中有他忍著極大的痛楚的自我剖析，我想通過這有限的文字，能使讀者進一步了解，曹禺是怎樣走過這幾十年的道路的。」是的，晚年的曹禺，在創作上出現了十八年巨大的空白，那是令人困惑，也令人惋惜的空白。到底劇作家在想些什麼？或有什麼反思，是件令人十分好奇的事。

於是我們翻閱他一九八一年的日記：「……要練身體、集材料，有秩序，有寫作時間。放棄社會活動，多看書，記錄有用的語言。……」（二月二十二日）「……我應作自己的劇作，卻屢因這類事，不能如願。看來好湊熱鬧與懶散是我的大病！……」（四月八日）「……巴金使我慚愧，使我明白，活著

要真話。我想說，但卻怕說了很是偏激。那些狼一般『正義者』，將奪去我的安靜與時間，這『時間』，我要寫出我死前最後的一、二部劇本。……」（六月十七日）「……已經到了給自己下結論的時候了！一個作家要給自己下結論，寫點東西給後代看。一定要獨立思索，不能隨風倒，那是卑鄙、惡劣的行為。……」（十月十九日）「……我有不少毛病，或者說貴族、老爺的醜惡習慣：一、不交朋友，我孤獨。在家裡苦思冥想，恨自己，悔光陰過去。一生懶惰，華而不實。二、不四處找朋友，尤其找處境困難的人談話。不真去認識各種人的生活，只圖在個人孤獨的家庭生活中，過得舒適些。有點小事便抱怨，有點小機會，便管不住自己吹自己。不沈著，不多思考就說就鬧，過後又後悔。三、未想明白，便發表意見，又隨風倒，不肯獨立深思。四、我有『官』氣，彷彿隨時都在做『官』。」（十一月二日）「我應重新成為一個『新人』，把我的過去種種虛榮、讚譽與毀謗都忘記，不想有些人們在我背後的話，不想過去的荒誕、疑慮、多心、膽怯，追求名聲，享受安逸。我要成為一個一心為真實，為理想，為人民做好事，說真話的人！不再猶豫，不再怕人們對我的歧視，輕蔑，因為那些人的稱讚，我過去太重視了，以致於迷了路。我的陽光快盡，燭火將熄，但我還有時間改我的過去種種謬誤——隨波逐流，趕潮流，聽人們說過的話自己又重覆一遍那種話。我要說我的真心話。……我要沉默，我要往生活的深處鑽研，必須不怕窮、不怕苦。我要棄掉過去的生活，放棄這個『嘴』的生活，而用這『腳』踩出我的生活，用『手』寫出真實的生活，明顯而又火一樣為人民所急需的真理！我要想！！！」（十一月二十九日）

從這一年的日記中，我們看到曹禺在人前與人後、言行與內心的強烈矛盾。這也是她女兒萬方所說的「用一種慣常的虛偽的方式來表現，在某些場合不得不說一些溢美之詞，他那出了名的謙虛，都是真誠的。」而「他的性格是好動，好熱鬧的，……長時間的寂寞會使他煩躁，……」，因此他周旋於各種會議、活動和訪客之中，雖是無可奈何，但也默然承受。他很重視別人對他作品的意見，好作一些自我表白和解釋。尤其解放後，曹禺的名聲地位更高了，他也更加注意別人的評論，尤其重視領導們對自己的看法與態度。他更多地接受外界的影響，這些都反映出他性格中軟弱的一面。其時，外界對他的壓力並不太大，但他卻成為「從國統區來的作家中，最早的一個反省自我的作家」。他一再表示自己是個沒有改造好的小資產階級知識分子（後來又自認是資產階級知識分子），不但嚴厲地責罵自己，否定過去那種「淺薄的正義感」，而且否定過去寫的作品。甚

晚年的曹禺

曹禺的代表作《雷雨》及《日出》

至説《雷雨》、《日出》等劇本，都是毒害了成千上萬觀眾讀者的作品。他不顧別人的勸阻，他根據當時所謂階級觀點，而動手「自戕」自己的作品——他讓侍萍當面大罵周樸園是「殺人不見血的強盜」；讓方達生成為革命的地下工作者，同工人一道把「小東西」救出火坑……。這樣大費周章的修改，不僅破壞了原作完整的藝術構思，也破壞了原作思想和藝術完美的統一。而更甚者，是他放棄了自己一貫的創作方法，而按照「主題先行」的路子，再找人談話，選擇人物，設計情節，而且每走一步、每寫一步，都要用馬克思主義的立場觀點，進行分析推敲。他戰戰兢兢地唯恐「歪曲了生活」、「違反了政策」，這樣寫出來的東西，還經有關領導多次審查與反覆修改，其結果已無他昔日的激情、詩意與美感了。無庸置疑地，它成為曹禺創作生涯的失敗作品。

因此晚年當曹禺滿面愁容地對好友吳祖光表示，他寫作上的失落時，吳祖光脱口説了一句：「你太聽話了！」。沒想到曹禺幾乎叫喊著，回答説：「你説的太對了！你説到我心裡去了！我總是聽領導的，領導一説什麼，我馬上去幹，有時候還得揣摸領導的意圖……。可是，寫作怎麼能總聽領導的？」。經過四十多年的折騰，劇作家終於明白這個道理。但歲月不居，他美好的年華，已然過去了。正如他對傳記作者田本相談起「王佐斷臂」的故事，王佐為了讓陸文龍從金兀术的陣營裡反正，斷臂以求信任。曹禺如此動情地説：「明白了，人也殘廢了，大好的光陰也浪費了。使人明白是很難很難的啊！明白了，你卻殘廢了，這是悲劇，很不是滋味的悲劇。我們付出的代價太大了。」

論者指出，「文革」前的歷次運動，都沒有整到曹禺頭上，因而他受到的壓力比起吳祖光、巴金等人，要小得多；但他的聽話、順從卻比這些作家為甚，其原因除了他的膽小怕事、唯命是從的個性外，還在於他的詩人氣質，長於形象思維，對於政治就比較天真熱忱；再者他的思想深處，可能還存在著「士為知己死」與感恩圖報的世俗意識。他在解放前後一直受到周恩來的器重與照顧，一九五〇年，他因個人婚姻問題，急需一筆錢，一時無法籌措，領導幫他解決了困難。這使他感激涕零，一再懇切地表態：「今後要我幹什麼，我就幹什麼！」。這種種複雜的思想性格因素，使得曹禺比別的一些作家更「聽話」。也因此他自覺或不自覺地放棄了精神自由與獨立思考，也放棄他自己的創作風格與創作方法，其結果是寫不出好作品，而他的「天縱之才」，也從此「幽閉」了。畫家黃永玉曾經很坦誠地對他說，「你是我極尊敬的前輩，所以我對你要嚴！我不喜歡你解放

晚年的曹禺

曹禺在書房

後的戲，一個也不喜歡。你心不在戲裡，你失去偉大的通靈寶玉，你為勢位所誤！從一個海洋，萎縮為一條小溪流，你泥淖在不情願的藝術創作之中，像晚上喝了濃茶，清醒於混沌之中……。」

曹禺是清醒的。這是他的明智，也是他的悲劇。他何嘗不知道自為勢位所誤。在他乖戾、滑稽行為的背後，恐怕掩藏著深深的誅心之痛，也未可知。但他終究未能鼓足勇氣，擺脫障礙，掙脫束縛！我們在他所留下來的詩中，看到了他掙扎的痕跡——

> 如果大家戴著盔甲說話，
> 我怎能亮出我的心。
> 如果我的心也戴著盔甲，火熱的心怎敢與我接近。
> 可以放下一切戒心，
> 再不要有什麼怕，
> 讓熾熱的真情把
> 我燃燒，
> 情願被火焰燒化。
> 我願死一萬次，再不願
> 終身這樣擔心害怕，存有戒心。
>
> （〈如果—病中偶作〉）

> 我是人，不死的人，
> 陽光下有世界，自由的風吹暖我和一切。
> 我站起來了，
> 因為我是陽光照著的自由人。
>
> （〈魔〉）。

在思想沒有徹底放開之前，如何
能把握作品的內涵？沒有廣泛的生活和
深刻的思想，哪來真實的人物和情節？
因此在時隱時現的條條框框面前，曹
禺顯得無所適從，他就這樣耗盡了他
的生命。女兒萬方說，很多年以來，
我爸爸沒有再寫劇本，他為此一直痛
苦。這痛苦又是他無窮靈感的源泉，
甚或可說是一種天性。這痛苦不像文革
時期的恐懼，那樣咄咄逼人，這痛苦只
屬於他自己的。我曾經反覆琢磨這份痛
苦的含意，我猜想：痛苦大約像是一把
鑰匙，唯有這把鑰匙能打開他的心靈之
門。他知道這一點，他感到放心，甚至
感到某種欣慰。然而他並不去打開那扇
門，他只是經常地撫摸著這把鑰匙，感
受鑰匙在手中的那份沉甸甸、冷冰冰的
份量。從某種意義上說，這甚至成為一
種獨特的遊戲。真正的他則永遠被鎖在
門的裡面，也許裡面已經人去樓空，他
不知道，也並不真的想知道。但是痛苦
確實是痛苦，絕沒有摻一點假。而到他
去逝的前幾年，更是疾病纏身，長期住

萬芳（中）與曹禺李玉茹合影

巴金及其代表作《家》、《春》、《秋》

院。萬方說，他一點一點地放棄了他的痛苦，放棄了由痛苦所替代的那種強烈的願望。現在他不說「我要寫東西」了。「他總對我說，小方子，人老了，真是沒意思。他持續不斷的悲哀，感染著我，使我難過。我知道，他也知道，他活在軀體的牢籠裡，再也當不了自己的主人了，他的思想成了蒼白、稀薄、不斷飄散而去的霧，由於他抓不住什麼東西，他懊喪極了，以至於他不再想抓住什麼了。」

曾經在清華大學寧靜的圖書館裡，他舖開稿紙，工工整整地寫下《雷雨》兩個字，然後才思一發不可收，文不加點地完成處女作；曾經在四川江安的小江輪上，江水拍打著船舷，他點著油燈，一幕一幕地寫著《家》。多少年過去了，這些景象，而今安在哉？晚年的曹禺，竟像《北京人》裡的曾文清，他何嘗不想飛，可是翅膀太重了，竟「飛不動了」。是他早有預感呢？還是宿命呢？還是真如論者所說的，《雷雨》和《家》之成功，在於有劇作家自身的投影。我們知道，《雷雨》人物的原型不論是誰，都同曹禺在天津小白樓有個傻子書僮陪他讀書，父母、哥哥的大煙抽得烏煙瘴氣，軍閥政客和他們姨太太常來的大公館有關。亂倫的故事可以虛構，但曹禺在其中的壓抑、憂鬱、不滿，藉《雷雨》予以宣洩，都是寫活了劇本的因素。而曹禺改編巴金的《家》時，正值他與鄭秀婚姻的破裂，他是藉著巴金的酒杯，來澆自己的塊壘。巴金對改編後的劇本的評語是：「充滿激情的優美的台詞，是從他心底深處流淌出來的，那裡面有他的愛，他的恨，有他的靈魂的呼號，他為自己的真實感情奮鬥。」然而隨著時空變化，雖江山依舊，但人事已非。解放前後的新舊社會，翻天覆地的改變著，曹禺還能永遠寫他的《雷雨》、《日出》麼？還有那麼多

的繁漪、陳白露可寫嗎？

　　歷史是無法責怪的，只因無法選擇；性格也是無法責怪的，只因無法改變。究竟是曹禺欠我們什麼，還是我們欠他更多？雖然他留下十八年的空白，但即使他一個字不寫，只要他能夠安度自己的晚年，我們有什麼權利去要求他繼續地嘔心瀝血呢？對這位年老多病的劇作家，提出這樣的苛求，豈不是太殘酷無情了麼？曹禺的局限之於他的成功，正是一體兩面。在這生存的悖論中，我們不必糾纏於合理或不合理，更不要可笑地提出諸多假設。曹禺就是曹禺。他是獨一無二的。正因是曹禺，他晚年不得不獨自一人面對潮水般的悲情。杜鵑聲裡，他分不清是夢，或是現實。

　　「人老了，醜，沒有一點可愛的表演，上帝把你的醜臉都畫好，讓你知道自己該死了，該走了。」──這是戲劇大師最後留給世人的話。

曹禺晚年接受筆者製作的《作家身影》
劇組訪問時攝

第十三章

春去春又回

——記新月詩人孫大雨

一九九四年八月下旬，筆者所率領的攝影組，為了拍攝徐志摩的紀錄片，透過上海華東師大教授陳子善先生，尋訪到「新月派」碩果僅存的大詩人，也是著名的莎士比亞翻譯家孫大雨先生。老詩人談到徐志摩，滿含深情地朗誦著當年他悼念志摩的詩句：「你去了，你去了，志摩/一天的濃霧，掩護著你向那邊月明和星子中間，/一去不再來的茫茫的長途」。那年，詩人已八十九高齡，曾經親歷五四新文化而成長的著名作家，加上近一個世紀的歷史見證，他理應是備受尊敬禮遇的文化老人；但我們看到的是「門前冷落車馬稀」，甚至鮮少有研究者問津。半個多世紀前的風華，如今卻成了一個陌生的名字，詩人是寂寞的，而這寂寞的背後，卻有著飽嚐辛酸、少為人知的前塵往事！

孫大雨原名孫銘傳，別號子潛，一九〇五年生。一九二二年秋，他告別生活近十八年的上海，進入北京清華學校高等科。其間

晚年的孫大雨

參加以聞一多、梁實秋、顧一樵為骨幹的「清華文學社」。聞一多在一九二二年十月二七日給梁實秋的信中說，「我們加入了兩位新會友──鄭君駿全和孫君銘傳」，就是記述此事。文學社分為小說、詩歌、戲劇三組，但實際上由於大部分成員喜好詩歌，所以社內活動，主要圍繞著詩歌進行。孫大雨晚年曾回憶道：「受五四新文化運動的影響，那時在清華校園文學活動十分活躍，我們經常聚在一起討論新文學的有關問題，並在《清華週刊・文藝副刊》上發表詩文。」孫大雨並先後參與編輯工作，尤其在聞一多、梁實秋先後赴美留學期間，該週刊一度停刊，後經他的努力，於一九二四年十月十七日復刊。他並任文藝欄主任，一共編輯了四期文藝副刊。他還在該刊發表了新詩〈秋夜〉、〈荷花池畔〉、〈舞蹈會上〉，而且連載長篇論文〈郭沫若──「女神」與「星空」〉（未完）以及〈十四行詩和連鎖韻〉。探討「五四」以來新詩創作的成就和不足，並開始注意到創建新詩

格律之必要。正如他晚年所說的:「……但我更嚮往詩歌裡情緻的深邃與浩蕩,同格律聲腔相濟相成的幽微與奇橫。」[註1]

在清華文學社,他和朱湘(子沅)、饒孟侃(子離)、楊世恩(子惠)被稱為「清華四子」,而後因又加入與徐志摩為首的「新月」詩派,故又被稱為「新月四子」。四子中,除了楊世恩性格隨和,與人無爭外,其他三子性格十分相似,都很急躁暴烈。尤其他們在面對那些赫赫有名、有權有勢的人物,都表現出一種桀驁不馴,並以狂妄和怪誕的方式,向其進攻和挑戰。

一九二六年八月,孫大雨赴美留學。在美國東北部的新漢布什爾州的達德穆斯學院主修英文文學,兼攻西歐哲學史、美術史。翌年獲獎學金。一九二八年以高級榮譽稱號畢業。後又在耶魯大學研究生院,攻讀英國文學。在紐約客居期間,曾到加拿大蒙特婁的麥古爾大學訪問。一九三○年秋,學成返國。經徐志摩介紹,到武漢大學外文系任教。當時系主任為陳西瀅。而這年他經名畫家劉海粟的前夫人張韻士的介紹,認識了上海美專的學生孫月波。孫月波生於一九○六年,無錫人。年輕時,因反抗包辦婚姻,隻身來到上海。後來在上海美專就讀,與著名電影演員趙丹同學,當時美專的校長是劉海粟。後來孫月波又師從賀天健學畫。孫大雨和孫月波是在劉海粟家中認識的。孫大雨幾乎是一見傾心,置外地大學的教職於不顧,專心留在上海追求意中人。據孫大雨的女兒孫佳始說:「徐志摩與陸小曼在上海同居期間,我父母與他們經常來往,徐志摩與我父親是詩友,陸小曼與我母親是畫伴,至今家中還保留著陸小曼畫贈月波的畫冊。小時候我常與母親一起到陸小曼家中去玩(案:當時志摩已去世),我的印象

新月派詩人孫大雨

陸小曼憔悴枯瘦，似與『美人』兩字無緣，現在知道她那時是吃上了鴉片所致。」^{註2}

一九三一年一月二十日，孫大雨在徐志摩主編的《新月詩刊》創刊號，發表〈訣絕〉、〈回答〉、〈老話〉三首商籟詩。接著又在《詩刊》二卷二期、三期分次發表長詩〈自己的寫照〉片段。有關移植西方十四行體詩到中國，在新詩運動中早有不同看法，但徐志摩卻認為：「大雨的三首商籟是一個重要的貢獻！這竟許從此奠定了一種新的詩體。」他又指出：「大雨和商籟體的比較成功，已然引起不少的響應的嘗試。」^{註3}詩人梁宗岱也寫文章支持，他說：「就孫大雨〈訣絕〉而論，把簡約的中國文字造成綿延不絕的十四行詩，作者的手腕已有不可及之處。」^{註4}文學史家唐弢特別推崇〈訣絕〉，他說：「我愛聞一多的〈奇蹟〉，孫大雨的〈訣絕〉……」。多年以後，詩人卞之琳也說：「也只有孫大雨寫了幾首格律嚴整的十四行詩。」詩人陳夢家評介

「〈自己的寫照〉是一首精心結構的驚人的長詩，是最近新詩中一件可比紀念的創造。」註5 徐志摩說：「孫大雨創作的〈自己的寫照〉長篇無韻體，每行四個音組」，他認為這個嘗試是比較成功的。朱光潛也說：「有一派新詩作者，在每行規定頓數，孫大雨〈自己的寫照〉便是好例。」註6

詩人瘂弦更高度評價〈自己的寫照〉，「確是中國早期新詩壇一座未完工的巨大紀念碑，作者氣魄的雄渾，與筆力的深厚，一反新月派（雖然他自己屬於新月派）那種個人小情感的花拳繡腿，粗浮的傷感，和才子佳人式的浪漫腔調。他以紐約城的形形色色，用粗獷的筆觸，批判地勾繪出現代人錯綜意識的圖像，為中國新詩後來現代化傾向，作了最早的預言。在那個時代裡，不僅是新月派，就連文學研究會諸子及創造社的詩人群，也很少有如此闊大雄奇的手筆。僅以這首詩的藝術手法來論，個人甚至認為即使徐志摩、王獨清等人也無法與之抗衡。」他慨嘆道：「更使人不解的是：近三十年來，新月諸人的作品坊間到處可見，而這首力作竟未見流傳！」。他呼籲應詩壇「給予其應得的藝術評價和地位」。註7

一九三三年下半年，孫大雨應青島大學外文系系主任梁實秋的邀請，到青島大學教授英國文學。可是一學期結束後，孫大雨竟沒有收到下一學期的聘書。半個世紀之後，孫大雨在一九九二年十二月五日發表的〈我與梁實秋〉文中說道：「……當時都是因為年輕，涉世不深，我在課堂上隨意批評了梁先生所認為的中文無法移植莎劇五音步素體韻文的觀點，遂引起梁先生的不快，於是有了學期結束後，不再發給我聘書的結果。現在客觀地來看這件事，只能歸結於當時雙

方都是年少氣盛的緣故。……可是到了四十三年後的一九七六年，在八月十日的台北《聯合報》副刊上，梁先生在他的〈略談「新月」與新詩〉一文中，確有以下一段話：『這時候（指徐志摩創刊《詩刊》時期－筆者）還有一位孫大雨，他寫詩氣魄很大，態度也不苟且，他給《詩刊》寫詩，好像還寫過一首很長很長的詩（指長詩〈自己的寫照〉－筆者），這該是第一次長詩的出現。孫大雨還譯過莎士比亞的《黎琊王》，用詩體譯的，很見功力。』多謝他對我寫的新詩和莎譯的讚譽，可見梁先生早已忘懷了當年我對他的批評的不恭，表現出了他的學者風度。當然，我對他的解聘，也從未耿耿於懷。現在來談這件近六十年前的往事，無非是聊作軼事的談資而已。可惜幾十年來我與他再沒有機會謀面。如今他已作古，我也到耄耋之年，每每想起往事，有恍如隔世之感。」[註8]

孫大雨為人直率，絕不同虛偽與懦弱妥協，這使他時常陷入孤立的境地。而同時他這種充滿入世應戰的精神，其實也在一步步使他從詩人，學者，教授的生活圈淡出，而導向政治，最終成為社會活動家。

一九四一年底，孫大雨來到大後方的山城重慶，任教於中央政治學校外文系。次年，他加入國民黨。然而大後方的四年，使他對國民黨政府失去了信心，他批評、痛罵，表示對當局的憎惡。他甚至斷然拒絕陳立夫邀請他到教育部擔任英文秘書之職。一九四五年底，他回到上海，應聘為復旦大學外文系教授。次年，因聞一多被暗殺，激怒了他，經羅隆基的介紹，他參加了中國民主同盟。隨後又加入了「上海大學教授聯誼會」（簡稱「大教聯」）。一九四七年，隨著國民黨統

治危機的日益加深，美國政府在對華政策上產生了分歧，為此杜魯門總統根據國務卿馬歇爾的建議，決定派遣魏德邁將軍為特使率團來華調查。上海民主同盟得悉後，經「大教聯」策劃，決定由孫大雨起草一份《備忘錄》。孫大雨花了十多天，夜以繼日，用英文起草了長達七千餘字的一份《備忘錄》。其中歷數國民黨的惡行，並要求美國政府：一、停止對國民黨政府的軍事援助；二、促進中國國內和平和建立民主聯合政府；三、保障人權，實施民主政治。這份《備忘錄》促使魏德邁注意到國民黨的腐敗現象，並直接向蔣介石提出了指責。因為有這點歷史功績，大陸解放初期，共產黨政權對孫大雨還是比較重視的。在思想改造運動中，讓他當了小組長。這個官雖不算大，卻也表示領導階層對他的信任，因為當時的大部分教師，都處於被審查階段；所以小組長的位置，也就顯得相當突出。

一九四九年五月二十七日，對孫大雨而言，是終生難忘的日子。那天從解放區回來的黨委書記李正文，突然宣布要改選「大教聯」幹事會。這令孫大雨等人，感到十分莫名和吃驚。改選的結果，原來民盟的成員，在幹事會中全部落選。孫大雨由原來的幹事，經增選後才勉強擠上候補幹事。這帶給孫大雨是巨大的刺激──不公平的待遇，加上沒有論功封侯的憤懣，齊集於心，恐怕只有將對手徹底地打翻而後快。而這還有什麼比將對手戴上「反革命」的帽子，更具威懾的呢？於是孫大雨走向了極端，此時他的邏輯是──我是革命的，所以反對我的即是「反革命」。

到了一九五六年十二月，他在上海市政協會議上的發言中，就把陳其五、李正文、復旦大學現任黨委書記楊西光、市高教局主任曹

未風、復旦大學教授章靳以、漆琪生等人，說成是一個「反革命」集團。把這些人，在肅反運動中和運動前後，對他的打擊都說成是「反革命」活動。他還幾次向毛澤東、周恩來寫信，檢舉這些他所說的「反革命」份子。他幾次提出的「反革命」份子名單，最後累計多達六十餘人，其中還包括史良和上海副市長金仲華。他這樣天翻地覆的胡鬧，弄到毛澤東都來過問了。一九五七年七月九日，毛澤東在上海幹部會議講話上，點了孫大雨的名。把他同章伯鈞、羅隆基、章乃器、陳仁炳、彭文應、陸詒等人並列。也因此，孫大雨成了一名欽定的右派份子。註9

其實，當年孫大雨在向中央遞送上告的八萬言書時，羅隆基曾極力勸阻過他，上海市長陳毅也不止一次地出面勸說；然而孫大雨一經起步，就不再回頭。他性格中的執拗、倔強，在此展露無遺。這不禁令人想起，與他同一時代的胡風因上三十萬言書，而獲罪入獄。胡的好友聶紺弩，後來有詠他的詩句，說：「無端狂笑無端哭，三十萬言三十年」，讀來真是令人無限感慨！而孫大雨以八萬言書，換來的是二十八年的磨難，同樣令人不勝唏噓！註10

因為是極右分子，孫大雨被開除了所有公職，並且以「誣告罪」被判刑六年。文革中，他又一次被投進監獄，且加上一頂「反革命」分子的帽子。而到了一九七九年全國的「右派分子」大都得到改正，但孫大雨則拖到一九八四年才獲平反。這也難怪，他當時得罪的人實在太多了，而且這些人都是當權派，文革結束後，個個官復原職，因此他的事自然要拖些時日。

除了被批鬥的時光，除了長期被監督勞動的一個個白晝外；在數

以千計的夜晚，青燈之下、黃卷之中，孫大雨努力於重建自己的精神家園。他越過那段風雨如晦的日子，回溯自己青年時代的理想和夢幻，詩人重新復活了，只不過帶著如許的沈重：他再度進入莎士比亞的迷幻的世界，還有屈原、李白、喬叟、彌爾頓等人的心靈，他在一座座中西文化的山巒之間，穿梭、游移、淘洗、沈醉！他為世人架起了一座座文化的橋樑註11。雖然他年事已高，但仍天天通宵達旦地工作。最後，他向世人交出八部的莎翁譯本：《哈姆雷特》、《奧賽羅》、《李爾王》、《馬克白》、《暴風雨》、《冬日故事》、《威尼斯商人》、《羅蜜歐與茱麗葉》。及一部《孫大雨譯詩集》、兩部中譯英的《屈原詩選英譯》和《古詩文英譯集》，還有一部《孫大雨詩文集》，可說是碩果累累，令人景仰。然而詩人的晚年是寂寞，一九九七年一月五日，九十二高齡的他，寂寞地走完人生！

學者陳子善指出，「孫大雨並不是

晚年的孫大雨

孫大雨翻譯莎翁名劇《哈姆雷特》及《黎瑯王》（《李爾王》）

一位多產的詩人，也不追求時髦，迎合『新潮』，但作為新月詩派的一個傑出代表，他的新詩創作和翻譯成就獨樹一幟，終將獲得越來越多的中外研究者的重視和承認，在中國新文學史上重新定位」。[註12]

　　曾經是詩人，有過璀燦的詩篇。中因書生論政，終陷囹圄。晚年又以莎翁翻譯家，復出文壇。幾番潮起潮落，真可謂「春去春又回」！

註1：孫大雨〈我與詩〉，一九八八年二月二十一日上海《新民晚報》。

註2：孫近仁、孫佳始《耿介清正－孫大雨紀傳》山西人民出版社，一九九九年。

註3：徐志摩〈序語〉，一九三一年一月《詩刊》創刊號。

註4：梁宗岱〈論詩〉，一九三一年四月二十日《詩刊》第二期。

註5：陳夢家《新月詩選》〈序言〉，上海新月書店，一九三一年九月。

註6：朱光潛〈論中國新詩的韻〉，一九三六年十一月《新詩》第二期。

註7：瘂弦〈未完工的紀念碑－孫大雨的《自己的寫照》〉，《創世紀》第三十期，一九七二年九月。

註8：孫大雨〈我與梁實秋〉，《濟南日報》周末版「隨筆」欄，一九九二年十二月五日。

註9：朱正《一九五七年的夏季：從百家爭鳴到兩家爭鳴》，河南人民出版社，一九九八年。

註10、11：黃昌勇〈寂寞孫大雨〉，收入賀雄飛主編《思想的時代》，吉林文史出版社，二〇〇〇年。

註12：陳子善〈碩果僅存的「新月」詩人孫大雨〉，《文訊》雜誌革新第十四期，一九九〇年三月。

第十四章

海濱有故人

《**海濱**故人》是女作家廬隱的成名作，也是新文學運動初期不可多得的中篇力作。廬隱本名黃英，一八九九年生於福建閩侯（今福州市）。該小說反映了幾位女大學生的思想感情與戀愛經歷，極為真實而細微。廬隱的知心友人劉大杰就在〈黃廬隱〉一文中指出：「《海濱故人》是廬隱前半生的自傳，露沙就是廬隱自己。」廬隱是在一九一九年秋天進入北京女子高等師範學校讀書的，隨後她積極地參加了愛國運動，與該校學生會主席王世瑛、文藝幹事陳定秀、程俊英，結成了好友。這四位意氣風發的姑娘，還以春秋戰國時的「四公子」自稱。而《海濱故人》就是以這四位女學生為原型的。其中露沙是廬隱的化身，而雲青、玲玉、宗瑩則分別是王世瑛、陳定秀、程俊英諸好友。

她們都在「五四」新思潮的影響下，探索著人生的意義和理想，也都追求著個性的自由與美滿愛情。她們的思想和行動，都不

《海濱故人》書影

盧隱與程俊英（左）及羅靜軒（右）

盧隱的丈夫郭夢良

同程度地受到了家庭與社會的阻撓和反對。玲玉和宗瑩雖然與自己所愛的人結成了伴侶，但事前卻都經歷過齟齬與抗爭，雲青則捨棄了心裡所愛的趙慰然，而成為了家庭、禮教的犧牲品。露沙並不滿意她們三位的歸宿，她本人後來就與梓青結伴，雲遊四海，不知所往了。

而據學者陳福康指出，故事中雲青所喜歡的趙慰然，就是新文學史上鼎鼎大名的鄭振鐸。鄭振鐸與盧隱、王世瑛等，當年都是旅京福建籍學生，因參加五四運動而相識。鄭振鐸最先正是通過豪爽熱情的盧隱，而轉達了他對王世瑛的戀情，而王世瑛對鄭振鐸也是十分愛慕的，最後卻因王世瑛父母的反對，以及王世瑛缺乏盧隱那種反抗精神，而以悲劇告終。論者更指出，《海濱故人》之寫作是受到鄭振鐸發表於一九二三年四月的《小說月報》上的〈淡漠〉的刺激而寫成的。該小說是說女主角文貞原是南京女子師範的學生會負責人，在學生運動中與芝清產生了愛情。芝清是有妻室的，而文貞也曾自願與一位姓方的

親戚訂過婚，但後來他們都毅然解決了各自原先的婚姻問題，而終於結合了。特別是女主人公，由於參加了社會活動，「眼光擴大了許多，思想也與從前完全不同」，越來越「覺得方君的思想，已與自己不同」，因此終於解除婚約。如果把小說中的「南京」改成「北京」，把方君、芝清分別代入林鴻俊和郭夢良，那不就是活生生廬隱的故事嗎？

二〇〇〇年六月，筆者在北京拜訪鄭振鐸的兒子鄭爾康，他特別提到父親的這段初戀情緣，並把它寫入了《石榴又紅了──回憶我的父親鄭振鐸》一書中，他說當年王家在福建是名門望族，王世瑛的父親又在教育部任主事；而鄭振鐸家境貧寒，寡母在溫州靠做針黹女紅維生，兩家自是門不當、戶不對；再加上王世瑛又缺乏向封建勢力抗爭的決心和勇氣，以致於使這對有情人終未成為眷屬。

後來鄭振鐸進入商務印書館，而成了商務印書館元老高夢旦的乘龍快

鄭振鐸與夫人高君箴

新婚的張君勱與王世瑛

鄭振鐸四〇年代初在上海

婿。妻子高君箴從小在上海長大,曾入上海神州女校讀書,因接受新式教育,思想進步開朗,也喜好文學。倆人於一九二三年十月十日在上海舉行婚禮,婚後夫妻感情甚篤,在事業上也有共同的語言,倆人還合譯《天鵝》一書,全書收世界各國童話三十四篇,其中九篇即是高君箴的譯稿。而鄭振鐸一生的活動,也都得到了高君箴的理解和支持。倆人並育有一子一女,女兒鄭小箴,生於一九二七年;而兒子鄭爾康則生於一九三七年。他們締造了一個幸福美滿的家庭。

而就在鄭振鐸要結婚時,他還曾給王世瑛寫信告知此事。王世瑛的好友程俊英說,王世瑛在提到此事時,語意悵悵,沉默久之,相對無言,若有所失……,而一年後,她終於在父母的包辦婚姻下,與張幼儀的哥哥張君勱(後來成為民社黨主席)結了婚。抗戰初期,張君勱已去重慶,而王世瑛則暫居在上海杜美路的娘家。當時在上海的鄭振鐸,有一天去找程俊英,談起往

事，鄭振鐸說：「我很想念世瑛，你能陪我去她家敘敘舊嗎？」。程俊英也很想去看望老同學，於是次日下午，兩人便一同到了王家。闊別二十年，雙方內心的酸楚，自不待言。鄭振鐸的神情舉止和當年在北京時沒什麼變化，所不同的是，當年的窮學生，如今已是名教授；而王世瑛也已是一位雍容華貴的闊太太。她邊讓坐倒茶，接著又端出一盤新鮮龍眼說：「嚐嚐家鄉的香片和龍眼吧，藉表多年的鄉（相）思！」。一語雙關，勾起鄭振鐸久埋心底的情愫，他喝著茶，慢慢地說：「香片、龍眼，味道年年都一樣，人卻變了！」。這時傭人又端出三碗紅豆蓮子湯，程俊英開玩笑地說：「相思豆配蓮（憐）子的點心，點了你的心！」。「別開玩笑了，快吃吧！」，王世瑛淒然而強作微笑地說。良辰苦短，談著、吃著，已近黃昏，鄭振鐸只得向王世瑛依依握手告別。

　　此後，程俊英又多次陪鄭振鐸去王家。不久，王世瑛被張君勱接去重慶，他倆就斷了音訊。一九四五年三月，王世瑛因難產而死於重慶。抗戰勝利後，她的靈柩移回上海，安葬在萬國公墓。此後，每隔一段日子，鄭振鐸必購鮮花一束，到王世瑛墓前，祭奠一番。於是人們無論是晴天或刮風、下雨，就常常可以見到一個中年男子，或穿長袍，或著西裝，手拿一束鮮花，默默地在公墓的小徑上走著，走著……。

　　鄭爾康還說道，解放後，他們全家遷到北京。父親每次到上海辦事，就總要抽空去王世瑛墓前獻花。他最後一次去上海是一九五六年底，他冒著嚴寒，又去王世瑛墓前獻花。而此後，人們再也沒見到過這個總是手拿著一束鮮花，在墓間小徑行走的男子……。只因在

一九五八年十月十七日，鄭振鐸率中國
文化代表團赴阿富汗王國和阿拉伯聯合
大公國訪問。次日，代表團乘坐的蘇製
飛機，在途經前蘇聯楚瓦什自治共和國
的卡納什地區的上空時，失事墜毀，乘
客和機組人員全部罹難，鄭振鐸亦因此
以身殉職。

晚年的鄭振鐸

第十五章

不該忘卻的友情

在三〇年代的作家中，身兼創作與編輯雙重身份的，為數不少，其中有的更在編輯生涯中，傾注了畢生的心血，靳以就是其中的一位。靳以原名章方敘，天津人，早年在天津南開中學讀書，後來畢業於上海復旦大學國貿系。大學時期，他即開始文學活動。一九三四年，在北平與鄭振鐸合辦《文學季刊》，又參與編輯《水星》月刊。有關編輯《文學季刊》的情形，他這麼說：「一九三三年我到了北京，那時候由朋友的輾轉介紹，一家書店想約我編一個大型的文學刊物，從經歷和能力來說我都不能勝任，知道他（案：鄭振鐸）住在燕京大學，就在一天晚上去找他商談。」鄭振鐸的兒子鄭爾康晚年這麼回憶道：「此時，那位被叫做『靳以』的胖青年正坐在燕大中文系教授鄭振鐸的客廳裡，與鄭先生談興正濃。靳以和鄭教授並非初次見面，當年，父親還在上海商務印書館主編《小說月報》時，曾兼任過復旦

三〇年代時的靳以

大學教授，那時靳以在該校雖然學的是商科，但課餘卻酷愛文學，為了給《小說月報》投稿，曾去找父親求教，並在父親鼓勵幫助下，發表過一些作品。一九三三年，靳以畢業後，來到北平，經朋友推薦，某書店想請他負責編一個大型文學刊物，而他自己覺得資淺力薄，難以勝任，便想到了在燕大任教的『西諦先生』，想請他來出面主編這刊物，因為他覺得『西諦先生』是教授中，最沒架子，最好說話的一位，於是，便有了這次的夜訪。而那兩位同來的伙伴，一個叫陸申，一個是清華大學西洋文學系的學生萬家寶，也就是後來成為著名劇作家的曹禺。（案：他們兩位並沒進屋，而是在屋外等候）且說『西諦先生』一直是很賞識靳以這個比自己小十一歲的文學青年的，這次他鄉遇故知，倍感親切。靳以囁嚅著向他說明來意後，深恐遭到拒絕，有些忐忑不安，臉脹得通紅，懷中像揣了個小兔子。而誰知『西諦先生』卻十分高興地接受了，但他堅持要靳以共同署名當主

編。」

一九三四年一月一日，《文學季刊》正式創刊。它由北平立達書店出版，創刊號厚達三百六十多頁，初版一萬本，後又再版多次。同為編輯名家兼好友的趙家璧說：「刊物欄目分創作小說、詩、散文、劇本、文學評論和文學研究等。每期目錄，都排得滿滿地占了兩頁，每期字數都在四、五十萬字左右。這樣一種大型的專刊創作的文學期刊，在我國文學期刊出版史上，靳以是首創的編輯。」（案：據趙家璧認為鄭振鐸先生僅僅掛名，實際工作是靳以一人挑的。）詩人卞之琳這麼回憶著：「一九三三年暑假，為了籌備《文學季刊》，靳以在北海三座門大街十四號租了前院南北屋各三間，另附門房、廚房、廁所、門向東的一套房。巴金家住上海，北來就和靳以同住，和靳以同桌看稿。西諦（即鄭振鐸）在燕京大學當教授，城內城外來回跑，也常去三座門。門庭若市，不僅城外清華大學和燕京大學的一些青年文友常來駐足，沙灘

《文學》創刊號

左起：沈從文、巴金、張兆和、靳以、
李健吾（1949年）

北京大學內外的一些，也常來聚首。一九三四年夏天，我們組成一個附屬月刊（案：指《水星》月刊），名義上的編委會，決定了就掛鄭振鐸、巴金、沈從文、李健吾、靳以和我六個人的名字……靳以挑了大小兩刊一個編輯部的重擔，還能照常從事他自己的文學創作，主要寫短篇小說。」

　　傅艾以在〈靳以的編輯生涯〉一文中說：「《文學季刊》和《水星》的功績，除了打破北平文壇的沉寂，陸續出現一批新人……外，通過這兩個刊物，還打破了北京和上海、學院和文壇的隔閡和界線，溝通了作家之間的團結。三十年代初期，南北、京海兩派之間存在隔閡，但不久，京海兩派之間的區域打破了，北京青年的文章在上海報刊上出現了，而上海作家也支援了北方的同行。」而當時接辦《大公報‧文藝》的主編蕭乾也回憶道：「這個渠道，主要是巴金和靳以幫我打通的。」

　　一九三四年七月一日，《文學季刊》第一卷第三期，發表了當時還名不見經傳的曹禺的處女作──《雷雨》，也因此成就了一代戲劇大師。但有關《雷雨》的發現，在半個世紀後，大家似乎都把它歸功於巴金，而貶抑了靳以。例如學者田本相在他的《曹禺傳》中說：「正是巴金把《雷雨》發現了，他以無私的真誠之心，發現了曹禺的才能。他決定把《雷雨》四幕劇一次刊登在《文學季刊》上。這對於一個文學上沒有名聲的人，當然是破格的。巴金細心地作著文字上的修改，而且親自閱讀校樣，這種對於文學新人的熱情，確像一個勤勞的園丁。巴金發現《雷雨》，發現曹禺這個天才，在中國現代文學史上傳為佳話。」

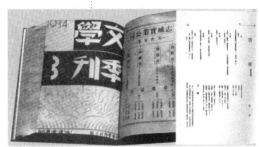

《文學季刊》第三期及《雷雨》

　　而身為曹禺的研究者，有如此的認定，似乎和一九七九年曹禺接受作家徐開壘的採訪有關，曹禺說：「我十八歲就蘊釀寫《雷雨》，構思了五年，花了半年時間，五易其稿，到二十三歲才把它寫成，交給了一個同學（案：指靳以），那個同學把它擱在抽屜裡，擱了一個時期，有個人（案：指巴金）發現了這篇稿件，讀了一遍，就拿去發表了。」而同時蕭乾在《新文學史料》第二輯的〈魚餌・論壇・陣地〉一文中，也有這種說法：「三〇年代，像茅盾、鄭振鐸、葉聖陶、巴金等知名作家，並不是整天埋頭搞自己的創作，他們拿出不少時間和精力幫助後來人……刊物編者就像尋寶者那樣以發現新人為樂。曹禺的處女作《雷雨》就是《文學季刊》編委之一的巴金從積稿中發現，並建議立即發表出來的。」

　　晚近曹禺的女兒萬方在《文匯月刊》上發表〈我的爸爸曹禺〉一文，對此事作了更進一步的引申：「……他寫出了《雷雨》後，把劇本交給他的朋友章靳以，章靳以把劇本放在抽屜裡，放了一年，沒有看，也沒有提起過。我問：『你怎麼不問問他？』，他說：『我沒想過要問，那時候我真是不在乎，我知道那是個好東西。』『那靳以

叔叔怎麼會一直沒看？』，『他可能是忘了。他沒把這件事當成一回事，他就是那樣一種人。』後來，許多書上都寫過，是巴金伯伯發現了抽屜裡的劇本，看了，然後就發表了。」

　　這種不盡事實的說法，愈經轉述，可能就愈遠離真相。我們從靳以和曹禺的相關資料得知，他們十三、四歲就相識在天津的南開中學。曹禺出身官宦之家，家庭環境陰冷而沈悶。他的父母沉迷於吸食鴉片，過著日夜顛倒的日子。所以，曹禺從小不喜歡自己的家，在課餘假日他總待在靳以家中，似乎成為章家的一員，他和靳以成了「把兄弟」。中學畢業後，靳以進入復旦大學，曹禺就讀清華大學，兩人才南北分隔。一九三三年，靳以回到北平三座門大街，還是清華大學學生曹禺，常常帶著女友鄭秀前來。就在清華大學畢業前夕，曹禺完成他的處女作──《雷雨》，那是一九三三年八月底。他把稿子拿給正在籌備《文學季刊》的靳以，靳以礙於「把兄弟」的這份私情，不好意思自己推薦尚未創刊的刊物發表，於是立即把《雷雨》拿給刊物分看劇本的編委，劇作家李健吾看，李健吾當時並未認可，又拿回給靳以，靳以不便再推薦，又不願退稿，就只得暫時放在抽屜裡。巴金北上，和靳以同桌看稿寫作，兩人結成了親密的友情。一次在閒談中，巴金談到要多發掘新人，於是靳以立即把抽屜裡的《雷雨》拿出來給他看。巴金當時還不認識曹禺，靳以就告訴他，就是那個周末常上我們這兒來的文學青年萬家寶。並告訴他，因為他是自己的好友，所以不好意思再堅持推薦。做為一個好編輯，靳以的不徇私，無疑地是應該受肯定的。巴金接過稿子，連夜一口氣讀完劇本，決定發表，就這樣，《雷雨》在《文學季刊》第三期問世了，並且一次登完。這

距曹禺交給靳以稿子，也不過十一個月，而距《文學季刊》創刊也不過半年。因此前面諸種說法，與事實是有相當的出入：首先它一直都是靳以主動推薦，而不是巴金從「積稿」中發現。至於「巴金細心地作著文字上的修改，而且親自閱讀校樣，這種對於文學新人的熱情，確像一個勤勞的園丁」的說法，更是張冠李戴。那是在兩年後《雷雨》要出單行本時，巴金曾「細心校對和改正」，而不是發表在《文學季刊》的當時。

沈從文在〈悼靳以〉文中說：「曹禺最早幾個劇本，就是先在《文學季刊》發表，後來才單獨印行的……靳以那時還極年輕，為人特別坦率，重友情，是非愛憎分明，既反映到他個人充滿青春活力的作品中，也同時反映到他編輯刊物團結作家的工作裡。」而後來蕭乾對《雷雨》也這麼說：「要不是靳以的推薦，巴金做出立即發表的決定，曹禺在戲劇創作道路上，可能要晚起步一段時日。」確實如此，曹禺繼而寫就

文季月刊及《日出》

《文叢》刊登曹禺的作品《原野》

121

靳以與夫人陶蕭瓊

的《日出》，也是在靳以和巴金共同主編的《文季月刊》上，一期期
發表的，而每幕的催稿信都是靳以寫的。曹禺自己也曾説過：「那部
《日出》原稿，就是靳以拿去首次與讀者見面的。」他甚至還稱讚靳
以「他是一位好編輯，可惜像他這樣的編輯太少了！」此後，靳以又
在自己主編的刊物上（如：《文叢》），發表了曹禺的一系列劇本，如
《原野》、《北京人》等等。

　　一九五九年十一月七日，靳以因心臟病去世，巴金聞悉急忙趕到
醫院。他説：「我永遠忘不了醫院裡的兩三個鐘頭：天明以前的寒冷
的夜，陰暗的大廳，輕微的人聲，難堪的等待」以及「妻女呼喚」的
「哀哭聲」；「我到過太平間」，「你那張沒有血色的臉，絞痛了我
的心」。（〈哭靳以〉）。或許由於靳以的過早離開人間，使人們淡
忘了他。而歷經「文革」的種種磨難，終以「說真話」復出的巴金，
卻聲望日隆。也因此人們在這件事上將它歸功於巴金身上，是自然不
過的。但巴金的侄兒在表達巴金的意思後，說了句耐人尋味的話，他
説：「我深知巴老不喜歡宣傳自己，更不願別人在頌揚他時，貶低他
的朋友。」事實是該被尊重的，何況這裡面，又有那麼多不該忘卻的
友情！

第十六章

遲了十六年的會面

一九九〇年十一月九日，臺靜農先生以八十八歲高齡病逝於台北。次日聯合報副刊作為臺靜農的遺文刊登了〈憶陳獨秀先生〉一文。在該文的首段臺先生這麼回憶著：「一九三七年七七事變發生，仲甫先生被釋出獄，九月由南京到武漢。次年七月到重慶，轉至江津定居。江津是一沿江縣城，城外德感壩有一臨時中學，皆是安徽流亡子弟，以是安徽人甚多。而先生的老友鄧初（仲純）醫師已先在此開設一醫院，他又是在青島山東大學結識的好友。家父也因事在江津，我家卻住在下流白沙鎮。這一年重慶抗戰文藝協會舉行魯迅先生逝世二週年紀念，主其事者老舍兄約我作魯迅先生生平報告，次日我即搭船先到江津，下午入城，即去仲純的醫院，仲純大嚷『靜農到了』。原來仲甫先生同家父還有幾位鄉前輩都在他家，仲甫先生聽家父說我這一天會由重慶來，他也就在這兒等我。這使我意外的驚

臺靜農（1936年）

喜，當他一到江津城，我就想見到他，彌補我晚去北京，不能做他的學生，現在他竟在等著見我，使我既感動又驚異。而仲甫先生即從容談笑，對我如同老朋友一樣，剛未坐定，他同我說：『我同你看柏先生去』，不管別人，他就帶我走了。」

　　文中的「仲甫先生」，就是陳獨秀。他是安徽安慶人；而臺靜農的父親臺肇基（字佛岑）是安徽霍丘人，畢業於天津法政學堂，後來在涇縣、漢口、蕪湖、重慶等地做事，歷任法院推事、檢察官、法院院長、地方首席檢查官等職。他與陳獨秀本是舊識。五四時期，陳獨秀在北京領導新文化運動，成為當時全國青年景仰的人物。臺靜農早就嚮往五四運動的發源地；因此他在一九二二年九月就來到北京大學中文系旁聽，然而早在一九二〇年陳獨秀卻離開北京到上海，並且從文化戰場轉向政治領域。臺靜農晚來北大一步，他深為沒能成為陳獨秀的學生而遺憾。而得等到十六年後的一九三八年十月二十日，

他們才總算在四川的江津見了第一次面。

　　一九三七年八月二十三日，國民黨當局釋放了包括陳獨秀在內的所有政治犯。出獄以後，陳獨秀在武漢有過短暫的逗留。在一九三八年七月二日，陳獨秀和潘蘭珍、幼子松年和陳氏養母，一家四口來到重慶，但只住了一個月，就接受了鄧仲純、鄧季宣兄弟的幫助，於八月三日遷居於江津。據鄧季宣在一九五二年間接受歷史學者劉敬坤的訪問，說：「我是完白山人鄧石如的後人，我們是兄弟三人，老大叫鄧以蟄，老二叫鄧仲純，我是老三，叫鄧季宣。我們鄧家和陳仲甫家在安慶是世交。老大是留日的，和陳仲甫在日本同學；兩人又都是安慶人，所以結成很好的友誼。老大回國後，後來在北京大學哲學系當教授。老二鄧仲純也是留日學醫的，但不是和陳仲甫同學；老二回國後，在青島開了個小醫院。我是到法國去勤工儉學的，和陳仲甫的兩個兒子延年、喬年一同到法國的。我和喬年兩人只有一床被，我們兩人就『打通腿』睡覺。延年和喬年從法國到蘇聯時（案：係一九二三年），我沒有趕上火車，就留在了法國，後來參加了國家主義派。」鄧季宣又說：「我和二哥兩家在江津安頓了下來後，二哥的收入也夠維持兩人的生活；他想起了陳仲甫住在重慶，不知生活情況如何，就寫了封信給陳仲甫，要他在重慶不便居住時，可來江津居住，並告知他，開診所的收入夠維持三家人的生活。在我們由重慶到江津後，陳仲甫生活愈來愈困難，住房雖不要錢，但他這時毫無收入，手裡的幾個錢也快光了；他一接到我二哥的信，立即帶著他的繼母、妻子潘蘭珍和幼子松年到了江津。我一家、我二哥一家和陳仲甫一家四口擠住在一個院子裡，每家只有一兩間屋子。三家在一個鍋裡吃飯，用錢都

由二哥那裡支取。三家的飯都由小潘（我們不好稱呼她，就叫她『小潘』）操辦；小潘人很能幹，為人也很和氣，整天也不說話，只知道幹活，沒有閒著的時候。三家十多口人的換洗衣服，也都由小潘來洗。」

而據臺靜農的忘年好友舒蕪說：「靜農先生所說的鄧初（仲純）醫師是我的姑丈，安徽省懷寧縣（今為安慶市）人，是陳獨秀的小同鄉，又是世交，自少年在一起長大的。抗戰前，鄧在青島山東大學任校醫，靜農先生在該校中文系任教，他們是那時結為好友的。靜農先生抗戰初流亡入川，以淪陷區大學教授的身份，被安置在國立編譯館（非正式人員），該館戰時館址起先在江津縣白沙鎮，靜農先生即在白沙定居。（後來編譯館遷走，國立女子師範學院在白沙辦起來，靜農先生應聘至該院任教，一直留在白沙至抗戰勝利後出川，此是後話。）」。而從第一次臺、陳兩人見面後，臺靜農為「盡地主之誼」，他與父親商定約陳獨秀到白沙作客，陳

陳獨秀贈給臺靜農的對聯

126 中國近現代文人心靈的探尋

獨秀如約赴會，獨自乘船而來，臺氏父子早在江邊迎候。陳獨秀在臺家住了一夜，席間飯後，主客相敘甚歡，這是自出獄以來，陳獨秀難得如此開心過。次晨臺靜農向陳獨秀求字，陳獨秀欣然接受，並客氣地說，多年沒有玩此道了。但他揮筆即成一副四尺立軸，體勢雄健，渾然天成，功力之厚，襟懷之開闊，給人以妙不可測的神韻。接著陳獨秀又為臺靜農寫了一副對聯：「坐起忽驚詩在眼，醉歸每見月沉樓。」上聯是明人祝枝山的詩句，下聯是陳獨秀自己的詩，兩句集成一聯，倒是十分的工整。陳獨秀在題款時，稱臺佛岑為「丈」，稱臺靜農為「兄」。其實陳獨秀的年齡長臺佛岑三歲。此後陳獨秀與臺靜農交往頻繁，書信往來，話題均在詩文書藝之道。

而據一九九六年中央研究院中國文哲研究所籌備處整理編印的《臺靜農先生珍藏書札（一）》中，收陳獨秀致臺靜農手札一○二封。其中最早的是一九三九年五月十二日的信，而後五月十七日、五月二十一日又有信，大抵是陳獨秀想在白沙鎮外的聚奎中學（前身為聚奎書院，是白屋詩人吳芳吉的母校）借住養病避暑，但又深以房租過高，而託臺靜農代為洽商或另覓他屋。後來得知要覓到合適之屋不易，且病體不堪四小時輪船之擠鬧，又已託人在江津附近之鶴山坪租屋，而作罷了。六月十六日，陳獨秀給臺靜農的信中說：「弟移來鶴山坪已十日，一切均不甚如意，唯只有既來則安之而已。據脈搏血壓已減低，而耳轟如故，是未恢復原狀也。此間毫無風景可言，然比城中空氣總好也。」

而陳獨秀之所以要搬離黃荊街八十三號的鄧家，一般都以為是鄧仲純的夫人和潘蘭珍不睦所致。但鄧季宣卻認為是鄧仲純夫人有意要

趕陳獨秀他們出去的。他說：「小潘當時三十剛出頭，我們對小潘的印象都很好。可是我的二嫂封建思想濃厚，老是看不慣陳仲甫老夫少妻。……我的十來歲的小兒子平常非常頑皮，看陳仲甫光著頂，打個赤膊，覺得好玩。有天陳仲甫走在前面，我那個小兒子在後面去摸陳仲甫的屁股，陳仲甫回頭一看是我的小兒子，就隨口講了一句『沒家教』的話。這一下捅了馬蜂窩了，我二嫂立即興師問罪，指著陳仲甫的鼻子大吵大嚷的說：『你都是六十來歲的老頭子了，騙娶人家黃花閨女，這是什麼家教，三家人老老少少擠住在一個院子裡，你赤身露體在院子裡竄來竄去，這是什麼家教？』陳仲甫聽了這些，一句話也沒說，立即穿了件上衣出門去了。後來我們才知道他是到高語罕那裡找房子。高語罕住在江津黃荊街，離江津縣中不遠。正好高語罕住處空著房子，當天晚上，陳仲甫帶著他繼母、小潘及幼子松年搬到高語罕那裡去住了。我這時整天忙著籌建國立二安中的事，平時都在德感壩，回到江津一看，知道二嫂和陳仲甫發生了衝突，就趕緊去他新居那裡去道歉。陳仲甫不僅沒有生氣，反而對我說：『罵的好，我該罵』；又說：『現在只有你兄弟二人是我的親人了，你大哥又遠在北平，我倒常常想念他！』我二哥知道陳仲甫身上已沒有什麼錢，趕緊給他送些錢去，作他安家之用。從此以後，陳仲甫再也沒到鄧家來看過我們；但我和二哥還是常到他那裡去看他，二哥也常給他一些錢維持生活。」而在這不久的同年六月六日，陳獨秀就在江津富紳鄧瞻秋、鄧燮康叔侄的幫助下，遷居距今江津城外十五公里的鶴山坪石牆院，一直住到一九四二年五月廿七日，他逝世為止。

陳獨秀作為一個政治人物，為人們所熟悉；而作為一位文字學

家，卻鮮為人知。誠然，他沒有像王國維、羅振玉那樣赫赫有名；也不像唐蘭、王力那樣著作等身。但令人欽佩的是，他是在極其惡劣的環境中，潛心治學的。尤其是晚年在身陷囹圄、飽受精神折磨的逆境中，還能孜孜不倦，留下幾十萬字的文字學著述，那就非一般常人所能為了。當然這其中有他回避政治糾葛、尋求精神慰藉的主觀意念，也有著他為解決漢字難認、難記、難寫的問題，來普及文化的遠大志向。這些著作

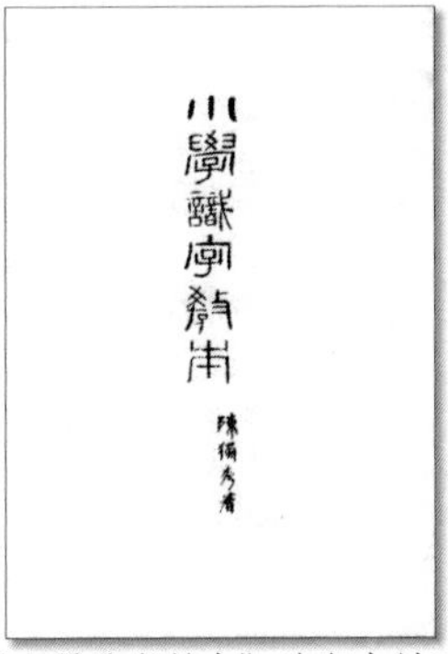

《小學識字教本》油印本封面

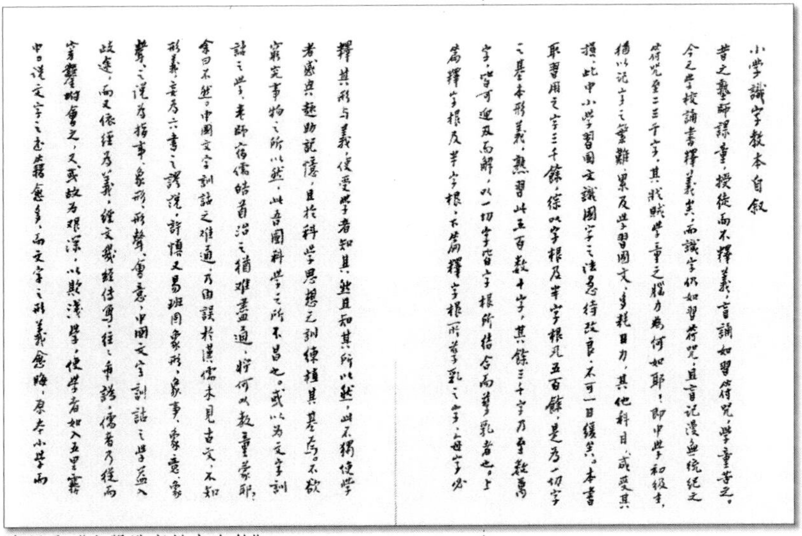

小學識字教本自敘

昔之塾師課童，授徒而不釋義，盲誦如習符咒，學童苦之。今之學校誦書釋義矣，而識字仍如習符咒，且盲記漫無統紀之符咒至二三千字，其戕賊學童之腦力為何如耶！即中學初級生，猶以記字之繁難，累及學習國文，多耗日力，其他科目，咸受其損。此中小學習國文識國字之法急待改良，不可一日緩矣。本書取習用之字三千餘，綜以字根及半字根凡五百餘，是為一切字之基本形義，熟習此五百數十字，其餘三千字乃至數萬字，皆可迎刃而解，以一切字皆字根所結合而孳乳者也。上篇釋字根及半字根，下篇釋字根所孳乳之字，每字必釋其形與義，使學者知其然且知其所以然，此不獨使學者感興趣助記憶，且於科學思想之訓練植其基焉。不欲窮究事物之所以然，此吾國科學之所不昌也。或以為文字訓詁之學，老師宿儒皓首治之猶難盡通，將何以教童蒙耶？余曰不然。中國文字訓詁之難通，乃由誤於漢儒未見古文，不知形義，妄為六書之謬說，許慎又易班固象形、象事、象意、象聲之說為指事、象形、形聲、會意，中國文字訓詁之學益入歧途。而又依經為義，經文幾經傳寫，往往舛誤，儒者乃從而穿鑿附會之，又或故為艱深，以欺淺學，使學者如入五里霧中。說文字之書愈多，而文字之形義愈晦。原本小學而

陳獨秀《小學識字教本自敘》

中，以他在南京獄中所著，出獄後仍繼續改作的《小學識字教本》，可說是集其大成的，它是陳獨秀畢生文字音韻研究的精華。

學者郝先中、馮曉音，就指出陳獨秀，「並不拘泥於一文一字，而是在大的歷史背景下，旁徵博引，縱橫古今。從古代的社會生活、典章制度、文物習俗、自然科學成果、民族心理習慣等方面，千絲萬縷的聯繫中，來細加考究，從而得出富有創見的結論。有時為了求得一字之真義，陳獨秀不僅廣徵博引，從大量的古籍中，地下發掘出的實物中，尋找証據，而且作了精確的推敲和考証，從不放過蛛絲馬跡。如對鬲、鼎、曾、復等字的分析，不僅引用了《周禮》、《左傳》、《詩經》等十三、四種古籍，而且考查了地下發掘出的螺、蚌、陶器、鐵器等實物，至於甲骨文、金文、篆、隸等，更不用說是一一細加研究了。」

《小學識字教本》深入淺出地講明每個字的來源及其演化，對兩千多年來形成的文字學進行了梳理，在蕪雜的各家學說中，理出一個科學的體系。陳獨秀在《小學識字教本》自敘云：「本書取習用之字三千餘，綜以字根及本字根凡五百餘，是為一切之基本形義，熟習此五百數十字，其餘三千字乃至數萬字，皆可迎刃而解，以一切字皆字根所結合，而孳乳者也。」臺靜農認為「這是極科學的方法，使兩千年來的文化遺產，由蕪雜而有體系可尋。尤其是下一代兒童能循此學習，當省卻許多腦力。仲老在《新青年》時代摧腐推新，晚年猶為下一代著想，如此精神，能不令人感激。」

而當時的陳獨秀生活實在困窘，正如臺靜農所言「只靠一二老友接濟外，其他饋贈，皆一概拒絕。」於是陳獨秀將晚年心血所注的著

作——《小學識字教本》，賣給國立編譯館，當然這和臺靜農在編譯館有關。臺靜農說：「而仲老接受賣給編譯館者，則為我當時在編譯館有些方便，如交出的原稿要改正，與借參考書及向館方有事接洽等等。」也因此陳獨秀致臺靜農的百餘封信中，有十之七八，都是關於這部書稿的。當時陳獨秀寫出一部分內容後，就寄給或捎給臺靜農，由臺靜農在編譯館找人謄抄再寄回或捎回，陳獨秀再校閱，修改補充。另外凡是一時尚未見到的參考書，臺靜農也一一幫陳獨秀找到。至於陳獨秀每有修改或補充，常隨信寄給臺靜農，臺靜農也一一補入。而此書尚未寫成出版，編譯館已預支了部分稿費，這也跟臺靜農的從中說項與斡旋，大有關係。

我們看一九四〇年四月十四日，陳獨秀給臺靜農的信云：「編譯館尚欠我稿費二百元，弟以為未交稿，不便函索，希兄向該館一言之。」同月二十二日的信，又有同樣的請求。而五月十五日的信云：「稿已完全寫好抄過，⋯⋯雖非完璧，好在字根半根已寫竟，總算告一大段落，法幣如此不值錢，即止此不再寫信給編譯館，前收稿費亦受之無愧也。」而在六月十九日的信中云：「昨日伙房回，帶來十七日手示並原稿一冊，均妥收，校改處另紙奉上。前接十二日信，十四日即回一信交郵寄上，十七日又奉上一明信片。不知均收到未？有人謂雕板太慢（因有美國牽制，日本或不敢即取香港），倘商務能加速排印，寄港亦可，唯寄書來川仍不便，只有寄紙版來渝澆印一部份之法；弟意川中如能刻篆字，終以川中雕刻為宜也。巴黎近郊英法軍如不能一勝戰，恐難免與德言和，德、俄、義、日勢益盛，世界將有更黑暗一時期也。」此信天頭尚寫有：「即在川刻印，亦宜加工

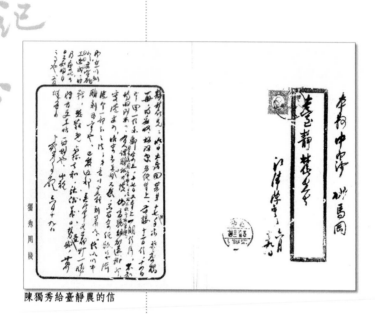

陳獨秀給臺靜農的信

陳立夫致陳獨秀之信函

速成（案：「加工速成」四字旁邊均畫雙圈），時局變化，今日不知明日之事也。又及」。而十二月三十日的信中又寫道：「仍望由館中油印二三百份，分散各省，以免川亂將原稿散失。拙稿雖未臻完善，而弟頗自矜貴也。」由這些信件中，我們知道陳獨秀極為擔心在戰亂中，書稿遺失及不能出版的景況。

而不幸的，正如他所預料的。《小學識字教本》的出版，終究化為泡影。其主要原因，在當時已任國民政府教育部部長的陳立夫，對出版此書很不積

極。他在一九四一年十月十一日，致陳獨秀的信中說：「大著《小學識字教本》，斟酌古今各家學說，煞費苦心，間下己意亦多精闢，自宜付梓以期普及，惟書名稱為《小學識字教本》，究屬程度太高」云云。陳獨秀在十一月十三日覆信說：「許叔重造文說意在說經，章太炎造文始意在尋求字原，拙著識字教本意在便利訓蒙，主旨不同，署名遂異。以其內容高深不便訓蒙者，朋輩中往往有之，此皆不知拙著第一種乃為教師參考而作，兒童課本別有一種。」當然這不僅僅是書名之爭，其中或許還暗合著政治因素，因此陳獨秀堅決不改書名，而此書也無法如期出版。

到了次年的暮春，陳獨秀的宿疾日漸加深，而且腦充血也時時發作，但他仍念念不忘《小學識字教本》的出版。他在同年五月一日，給早在一年多前任教於白沙國立女子師範學院的臺靜農和魏建功的信中說：「本書之體系業已完成，即上編亦可單獨問世。」當時有人提議，請他人代寫，以完成此書。陳獨秀說：「學力太差者，不能寫；學有深造者，又不願寫也。」五月十三日，陳獨秀剛剛寫完「拋」字，突然病情加重，一臥不起。為了治病，他這個一生追求科學和真理的唯物主義者，竟然在「病急亂投醫」之下，輕信了江湖郎中的偏方，以扁豆花煎藥服食，終告中毒身亡。「拋」竟成他的絕筆，他「拋」棄人世間的紛爭和雜擾，「拋」卻他的親友，「拋」卻他未竟的事業。

而在《臺靜農先生珍藏書札（一）》中，還有一九四二年五月十九日，鄧仲純致臺靜農的信云：「弟以仲兄突然臥病，於十八日再到鶴山坪。仲兄乃因食物中毒而起急性腸胃炎，十七日晚曾一次暈

厥，頗形危殆，今日雖經服藥，已較平穩，然以年逾六旬而素患高血壓者，究屬危險，實足令人惴惴不安為甚矣！」函末「又及」（次日所加）云：「今日仲兄較昨日更見好。已略有食慾，不作嘔，呼吸已平穩，精神亦稍覺安寧矣。仲兄囑轉達吾兄者，以後教本印稿，不必寄來校對，逕可付印。蓋因此次一病，必須數月之休養，方能恢復健康，絕無精力校對，以免徒延日期也，弟大約在再留山上一、二日，視仲兄病狀如何？弟原擬於上星期日（十七日）赴渝一行，乃因仲兄病而中止也。」臺靜農將此信與陳獨秀的信函一起存放，不僅保留了陳氏病逝前的第一手資料，而由信中我們還可得知，陳獨秀在病危時，還殷殷切記《小學識字教本》油印之事。

可惜的是，這油印本在他生前並未來得及見到。後來編譯館為緩和矛盾，才將書稿油印了五十冊，分贈學界人士。從而使該著作流傳各方，而這其中臺靜農功不可沒。一九七一年台北中國語文研究中心，曾依此油印本正式出版。由趙友培題簽，梁實秋作序（原序被抽掉），而在當時的政治環境中，不能署名「陳獨秀」所著，另書名也易名為《文字新詮》。臺靜農晚年接受魯迅研究者陳漱渝的訪問時，曾表示「這樣做是不妥當的，他希望將來重印此書時，能增補原序，以恢復歷史原貌。」而在大陸方面，在八〇年代初，由當時在華中理工大學語言所工作的劉志成先生整理校訂，又得廣西大學沙少海教授珍藏的油印稿參校，專請書法家張勉知先生工楷謄正，終於由巴蜀書社於一九九五年出版發行。陳獨秀的著作，在歷經半個世紀後才又被後人重新重視。

一場遲了十六年的會面，在經過三年多後，又成為生死永訣。雖

是如此短暫相交，但卻是平生風義。例
如有一次臺靜農偕老舍去看望陳獨秀，
陳獨秀至為高興，他事後在信中寫道：
「兄與老舍來此小聚即別，未能久談為
悵。」臺靜農代老舍等人求墨寶，陳獨
秀都一一應允。而陳獨秀為友人、為晚
輩求職求學及覓屋等，也多次拜託臺靜
農。他偶有詩作都寄給臺靜農，他還把
長詩〈告少年〉重新書寫寄給臺靜農，
又把自傳兩章（即〈沒有父親的孩子〉和
〈江南鄉試〉）手稿都送給臺靜農。他
在稿尾自署：「此稿寫於一九三七年七
月十六至二十五日中，時居南京第一監
獄，敵機日夜轟炸，寫此遣悶，茲贈靜
農兄以為紀念。一九四〇年五月五日，
獨秀識於江津。」臺靜農後來把陳獨
秀的書信、詩文、手稿、書法等等，精
心收藏，其間歷經戰亂、遷徙，但他一
直帶在身邊，還請知己友人閱讀題識。
一九四八、四九年間，胡適、沈尹默、
董作賓和沈剛伯均有題。而後因政治氣
氛的凜冽，臺靜農除絕口不談此事外，
還將這些珍藏秘不示人，這一如他避談

《文字新詮》書影

陳獨秀自傳手稿

魯迅一樣，絕非寡情，實有不能言者。如今陳、臺二老俱往矣，而臺靜農先生經半世紀保存下來的珍貴文獻，除了見証他們風義師友的交情外，更保留了陳獨秀晚年老病、村居、困頓、皓首窮經、氣盡途絕的淒涼身影！！

　　曾經叱吒風雲的文化、政治人物，就這樣淒楚地結束了他曲折多變的一生。雖然當時《江津日報》頭版，刊登了〈一代人傑溘然長逝〉的消息，而重慶的《大公報》也發表了〈悼念陳獨秀〉的短評，但相較於昔日的「冠蓋滿京華」，此時可說是「斯人獨憔悴」了。一九四二年六月一日，在四川的部份北大校友為陳獨秀舉行了簡單的葬禮。墓址選在江津縣大西門外鼎山山麓，原是鄧瞻秋的塋地。參加葬禮者，有朝野名流三、四十人，及自發而來的鄉民一、二百人。他們為陳獨秀送行，燃放鞭炮，表示景仰惜別之意。墓前立著一碑，碑文乃臺靜農手書「獨秀先生之墓」。

第十七章

記憶中永遠的甜蜜

——記卞之琳與張充和的一段情

二〇〇五年八月國際著名學者史景遷（Jonathan Spence）的夫人金安平（Annping Chin）女士出版了《合肥四姊妹》的中譯本註1，在序言中金安平說，張充和女士及其夫婿傅漢思（Hans H. Frankel），曾是史景遷一九六〇年在耶魯大學求學時的老師，她是透過張充和才寫成該書的。在書中她寫道：「卞之琳最近以九十高齡辭世（案：卞於二〇〇〇年十二月二日在北京去世），大家都知道，他對充和一直不能忘情。他早就知道自己無緣成為充和的意中人，但還是給她寫了許多信，直到充和婚後，仍然繼續。他還蒐集充和寫的詩歌、小說，拿到香港去發表，事先並未知會充和。連虎虎（案：沈從文和張兆和的次子——沈虎雛）這個小不點兒都知道卞之琳為情所困。虎虎對父母說，他做了個夢，夢見四姨（案：張充和為張兆和之四妹）坐了條「大船」從遠方回來。『詩人舅舅在堤上，拍拍手，口說好好。』」而晚年張充和回憶

當年，她覺得卞詩「缺乏深度」，人也未免「不夠深沈」，「有點愛賣弄」。但卞之琳的友人及學生都說他是個沈默寡言的人，「戴著高度的近視眼鏡」，「清癯的面頰又常常不加修剪」。似乎不像張充和所說的，金安平最後得出的結論是「充和不僅善諷，還有很強的思辨力，這種女人豈能輕易放過卞之琳這種男人！卞之琳自稱詩人，把瓦雷里、魏爾崙掛在嘴邊，同時又是充和的裙下之臣，要充和不揶揄他也難。」

　　前塵往事，對張充和而言，或許已是雲淡風輕，但對卞之琳而言，卻是情深一往！尤其是卞之琳詩句中所吐露出的真情，可說是「情到深處無怨尤」！而這在金安平的書中卻簡單地一筆帶過。秉筆直書，不為親者諱，為治史者的基本要求。當歷歷往事已化為動人的詩篇，似乎不能簡單地視為詩人的自我多情，而對卞詩「缺乏深度」的揶揄，更是有失公允。因此筆者參考張曼儀的《卞之琳著譯研究》[註2] 所附之年表，及陳丙瑩的《卞之琳評傳》[註3] 和北塔等人的文章，再加上卞之琳的「文本」，梳理出此段感情的陳跡殘影，或可補《合肥四姊妹》一書之不足，而重現當年的一些史實。

　　卞之琳是三〇年代的重要詩人。他一九一〇年生於江蘇海門馮家鎮。一九二九年考入北京大學外文系。入大學不久，他就先後結識同在北大外文系學習的李廣田與哲學系的何其芳。卞之琳說，一位是「紅臉的穿大褂」的青年，一位是「戴著深度近視眼鏡，一邊走一邊抬頭看雲，旁若無人的白臉矮個兒」的青年。而他們三人讀書的北大紅樓前的那段馬路，當時就叫漢花園，因此到了一九三六年他們出版的新詩合集，就名為《漢園集》，他們三人並以此詩集而聞名。

卞之琳開始寫詩是在一九三〇年，而一九三一年初，當時在北大教他英詩與翻譯課的徐志摩，把他所寫的一些詩帶回上海，跟沈從文一起讀了，居然大為讚賞，於是分別在上海的《新月詩刊》、南京的《創作月刊》、《文藝月刊》上發表。後來徐志摩和沈從文兩人，還決定支持他出一本詩集。徐志摩答應寫序（案：後來並未寫出），而《新月》月刊上也登了廣告。沈從文為它取了書名《群鴉集》（因其中有〈群鴉〉一詩），並寫了〈附記〉，發表於一九三一年五月的《創作月刊》。然因為「九一八」、「一二八」事件及徐志摩飛機遇難，這本詩集終於未能面世。與此同時，卞之琳於一九三〇年也開始發表譯作。他的翻譯才華立刻引起譯壇注目。一九三一年徐志摩在給卞之琳的信中，就讚賞他所譯哈代（Hardy Thomas）的詩——〈The Weary Walker〉，譯得「極佳」，比徐的翻譯「高明得多，甚佩」[註4]。（案：徐志摩的譯詩，發表於一九二六年五月二十日的《晨報副刊》，而卞之琳的譯詩，後來發表於一九三四年四月一日的《文學季刊》第二期。兩相比較之下，卞譯無疑的優於徐譯。）徐志摩還推薦他譯法國作家司湯達（Stendhal）的《紅與黑》（The Red and the Black）。一九三一年十一月中旬的一個上午，卞之琳在北大紅樓一間小閱覽室閱讀英譯本《紅與黑》，忽然管理員由外邊匆匆跑進來說：徐先生死了，他坐飛機出事了。「我一聽說，再也讀不下去，默不作聲，掩卷還書，退出來了」，以至於以後一直再「不忍卒讀司湯達這部小說」。《紅與黑》不譯了，但其他譯作卻不斷地問世。[註5]

由於卞之琳在學生時代，就已開始同一些前輩作家交往，因此當一九三三年夏在北大畢業後，他就真正踏入北平的文學圈。而在三、

卞之琳在北大

四個月前，他曾到青島去探訪沈從文，沈從文資助他出版了詩集《三秋草》，而該詩集就成為卞之琳面世的第一本詩集。不久，沈從文從青島回到北平，同年九月九日，就和當年他在上海中國公學教書時，熱烈追求的學生張兆和結婚了。他們在西城達子營建立了自己的家庭，卞之琳也成了沈家的常客。而在同時，張充和因參加三姊兆和的婚禮，也來到北平。不久，她到北大去旁聽，暫時住在沈家，卞之琳也就在沈家認識了張充和。張充和是蘇州教育家張武齡的

張家四姐妹（左起：充和、兆和、允和、元和）

四女。張家子女眾多，四個女兒（元和、允和、兆和、充和）「詩詞、書畫雋秀」，在父親影響下率多能文，或兼精於（崑）曲事，當時被稱為「才女」。張充和一九三四年如願地考入北大中文系就讀（她國文考一百分，但數學卻零分，最後破例錄取），也許是因為卞之琳與張充和都來自江南，都先後在北大上過學，都愛好文藝；所以兩人挺談得來的。

卞之琳感覺彼此有相通的『一點』，他的心弦大概是顫動了幾下的，但由於他的性格是矜持而拘謹的，他不敢肯定對方是否也有那份情愫，因為張充和可能對別的男士也是那麼熱情、那麼大方；這種懷疑的心理，使他更顯得遲疑。卞之琳晚年回憶起免不了有些悵然，他說：「由於我的矜持，由於對方的灑脫，看來一縱即逝的這一點，我以為值得珍惜而只能任其消失的一顆朝露罷了。」[註6] 卞之琳在剛剛大學畢業時，原是準備留在北平，以翻譯為生的；但現在他決定趁自己還沒有深陷情網時，趕緊逃離北平。這時畢業於清華大學的曹禺因進研究生院，於是邀卞之琳去河北保定育德中學代他教課（曹禺「大約只教了一兩週」），卞之琳於是乘機就去了保定。他在保定只待了一個學期，就以校課過重，辭職返回北平。但此時，他似乎將感情的新芽深藏在心底，對張充和並沒有言行方面的明顯表態。

一九三六年初，張充和因病輟學，回到蘇州老家。一九三六年十月，卞之琳由於母親病逝，回家奔喪。辦完喪事後，卞之琳由故鄉海門去蘇州探視張充和，甚至還在張家住了數日，由張充和及其大弟陪同遊天平山等風景名勝。這就是卞之琳後來在《雕蟲紀歷·自序》所說的：「不料事隔三年多，我們彼此有緣重逢，就發現這竟是彼此

無心或有意共同栽培的一粒種子，突然萌發，甚至含苞了。我開始做起好夢，開始私下深切感受這方面的悲歡。」而張充和在身體康復後，她到了南京《中央日報》做過一陣子副刊編輯，這期間她曾以各種筆名發表過散文、小品和短篇小說。一九三七年初，卞之琳曾南下江浙、上海等地轉悠，對於張充和，卞之琳的感覺是，「隱隱中我又在希望中預感到無望，預感到這還是不會開花結果。彷彿作為雪泥鴻爪，留個紀念，就寫了〈無題〉這種詩」。

卞之琳在該年的三月到五月間，精心地寫下〈無題〉五首組詩。其中第五首──

　　　　我在散步中感謝
　　　　襟眼是有用的，
　　　　因為是空的，
　　　　因為可以簪一朵小花。

　　　　我在簪花中恍然
　　　　世界是空的，
　　　　因為是有用的，
　　　　因為它容了你的款步。

這首詩中有著濃厚的色空觀念──我的世界本來是空無一物的，因為你的到來，我才感覺到了它的存在和意義；而你，包括你的襟眼、你的款步以及我順手送給你的，作為你的象徵的小花，都是色的表象。在色與空之間，也許僅僅是我對你的愛的執著[註7]。我的「無」因為有了你而成了「有」，而有了些微的喜悅，但「即使在喜悅裡還

包含惆悵、無可奈何的命定感。」

這種喜悅之情表現得最充分的，是〈無題〉的第二首——

　　窗子在等待嵌你的憑倚。

　　穿衣鏡也悵望，何以安慰？

　　一室的沈默痴念著點金指，

　　門上一聲響，你來得正對！

　　楊柳枝招人，春水面笑人。

　　鳶飛，魚躍，青山青，白雲白。

　　衣襟上不短少半條皺紋，

　　這裡就差你右腳——這一拍！

至於卞之琳最被傳頌、最多元解讀的作品，可說是寫於一九三五年十月的〈斷章〉一詩，它問世七十年來，既眾口流傳，也眾說紛紜。詩只有四句，這麼寫著——

　　你站在橋上看風景

　　看風景人在樓上看你

　　明月裝飾了你的窗子

　　你裝飾了別人的夢

有研究者指出，事實上，〈斷章〉最容易的讀法，正是把它當成一則愛情故事。男主角矜持、含蓄，私心傾慕著一位美麗的女子，卻始終不敢表白，只是從遠處偷覷，在夢裡相尋；而那位女子則渾然不知自己，已成為別人眼中的美景，夢中的珍飾註8。

一九三七年三月，日軍正逼近北平，卞之琳於是就南下江、浙、滬等地。五月他在杭州把今年所做十八首詩加上前兩年各一首，編成《裝飾集》，題獻給張充和，因為這些詩大部分都是為她而寫的。卞之琳手抄一冊，本擬交詩人戴望舒之「新詩社」出版，但終未果。六月他和蘆焚（師陀）經上海到雁蕩山，住在位於山腰的慈悲閣中，據師陀晚年回憶，當時卞之琳為等張充和的信，那怕是下雨天，他們也要「帶著電筒……拿著雨傘跑三里路」到山腳下的汽車站去看有無郵件[註9]。後來卞之琳應四川大學文學院院長朱光潛之邀，於一九三七年十月十日抵成都，在外文系任講師。此時他給避居在安徽合肥老家的張充和寫信，催促她到成都工作。一九三八年三月中旬，張充和到了成都，借住在她二姐允和家中。

一九三八年春、夏間，張充和在成都青城山作〈菩薩蠻〉、〈鷓鴣天〉、〈鵲橋仙〉詞三首，並給卞之琳看過初稿。其中〈鵲橋仙〉一詞云：「有些涼意，昨宵雨急，獨上危岑佇立。輕雲不解化龍蛇，祇貼鬢凝成珠飾。連山千里，遙山一碧，空斷憑虛雙翼。盤拏老樹歷千年，憑問取個中消息。」[註10] 這首詞顯然含有激勵親近者，更奮發投身邦家大事的意味。而此時的卞之琳，也認為「大勢所趨，由於愛國心、正義感的推動，我也想到延安去訪問一次，特別是到敵後浴血奮戰的部隊去生活一番。」[註11] 於是在一九三八年的夏天，他和好友何其芳、沙汀夫婦到了延安。一年後，他又回四川大學復職，就在學年結束時，校方知其去過延安，因此不再續聘。

一九四○年夏天，卞之琳到昆明西南聯大任外文系講師，那是因為張充和在他之前就到了昆明。張充和在沈從文的推薦之下，在教育

部教科書編選委員會編選散曲。但不巧的是，當卞之琳到昆明去跟她相會時，張充和卻很快又隨單位遷到了重慶。從此兩人，又是相隔兩地。大概在昆明期間，張充和向卞之琳攤了牌，使他頓感絕望、萬念俱灰，感情上「受了關鍵性的挫折」，也因此他開始「埋頭寫起一部終歸失敗的長篇小說來了」。儘管他本人一直說寫作這部小說的目的是要「挽救世道人心」，但他要拯救的還有他自己的已然破碎的心。《山山水水》這部小說初稿是完成了，但在一九五〇年代初期，卞之琳認為不符合上級要求「寫工農兵」的文藝政策，於是他把全部書稿焚燬了。看過全稿的只有他的那位「溫柔的朋友」。但我們從在這之前已發表的，不及原稿十分之一的六、七萬字來看，小說用了織網似的敘事和語言技巧，結構相當繁複，取法美國著名小說家亨利·詹姆士（HenryJames）的手法。論者認為，這樣一部小說的寫作，對當時的作者而言，具有自我療傷的功效，他有助於縫合作者心靈的碎片註12。另一方面卞之琳自己也說，書名「含有山水相隔又相接的矛盾統一意味」；但「山」和「水」又隱喻男和女，所以他又說小說的主線是「一對青年男女的悲歡離合」註13。卞之琳在編織男女主人公的故事的同時，也在追念自己的戀愛歷程。

　　一九四三年初，卞之琳曾去重慶找張充和，逗留旬日，期望她能回心轉意，但似乎一切已枉然了。一九四六年五月，卞之琳到上海準備北返天津他任教的南開大學，他又一次見到了剛剛從重慶回到上海的張充和。於是他在江南逗留了近半年，其間還曾到蘇州張充和的家裡過中秋節。而從無錫返回上海時，他去好友王辛笛家中做客，他向王辛笛傾訴自己在感情上的不幸，他取出了一卷隨身帶著的墨寶，是

做為書法家的張充和為他抄寫的《數行卷》，卷末署有「為之琳抄」四字。這一卷軸「是用銀粉寫的，抄錄了卞先生的〈斷章〉、〈圓寶盒〉等七首最優秀的詩作。」[註14]一九四七年臨近暑假時，卞之琳為了辦理去英國牛津大學拜里奧學院（Ballio College）訪問一年的出國手續，又來到了南京及上海，臨出國前，他到蘇州小住數日，並與張充和話別。

不久，張充和到了北平，住在沈從文家。一九四八年三月，當時在北京大學教拉丁文、德文和西洋文學的美國漢學家傅漢思，透過同事金隄的介紹而認

卞之琳（1947）

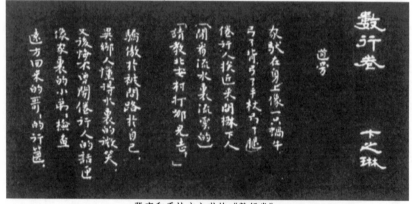

張充和手抄卞之琳的《數行卷》

識沈從文。以後他常常到中老胡同沈家去，也因此認識了張充和。那時張充和正準備在北大教書法和崑曲。據傅漢思〈初識沈從文〉一文中說：「過不久，沈從文以為我對充和比對他更感興趣。從那以後，我到他家，他就不再多同我談話了，馬上就叫充和，讓我們單獨在一起。」^{註15} 一九四八年十一月十九日張充和和傅漢思結婚了，一個月後他們雙雙去了美國。

一九四八年底，卞之琳離英返國。回到香港時，見到了許多聚集香港的熟識作家，他在葉靈鳳家就見到戴望舒父女。一九四九年三月，他與戴望舒父女同行返回北京，四月，任北京大學西語系教授。同年，他結識了《工人日報》年僅二十六歲的女編輯青林（原名青述麟，四川成都人）。一九五五年十月一日，他們結婚了。從五○年代初起，青林在《人民文學》、《收穫》等刊物上發表過多篇小說、小品文，頗受注目。其中有兩篇被英文刊物《中國文學》和《中國建設》刊登。一九五八年後，青林擔任文學所刊物《文學知識》的編輯，一九六○年該刊物停辦後，她轉到了中學去教書。

一九八○年卞之琳訪美時，曾與當時任美國耶魯大學藝術系講師的張充和見面。兩人久別重逢，卞之琳將三十多年前沈尹默（案：沈曾為張充和的書法老師）圈改過的張充和的幾首詩稿，物歸原主。那是卞之琳在一九五三年，在蘇州參加農業合作化的試點工作時，一個秋天的夜晚，他坐在張充和的閨房裡，在張充和「留下的空書桌前」，所意外發現的。而正好張充和手頭，只有沈尹默的信而沒有詩稿，所以卞之琳稱這是「合璧」之事（案：一九八五年卞之琳還特別為此寫了篇情深款款的散文——〈合璧記趣〉，發表時配上了張充和手跡的影印件，使

卞之琳與青林

晚年的卞之琳

它與自己的文章「交相輝映」。）；而張充和則送給卞之琳，她近年來唱的幾支崑曲曲段（包括《題曲》）的錄音帶。後來卞之琳比較抗戰初期他所珍藏的張充和的《題曲》的同一曲段，他說：「半世紀以前同一段灌片聽起來也哀怨動人，嬌嫩一點，正顯得年輕呀。後來這一段錄音，顯出功力到家，有點蒼勁了。」註16

一九八六年十二月六日，張充和應邀到北京參加湯顯祖紀念活動，並且還客串演出崑曲《遊園驚夢》。卞之琳曾欣然前往劇場觀賞。舞台上的張充和還是那麼風韻不減當年，觀眾席上的卞之琳還是那麼痴痴地凝望。此情此景，不禁使我們想起卞之琳〈斷章〉的詩句，一段未完成的戀曲，卻是他記憶中永遠的甜蜜！

二〇〇一年，詩人周良沛在悼念卞之琳的文章中說：「他與張家小姐詩化的浪漫，在圈內早是公開的秘密。我這晚輩，看著說話做事，總是認真得不能不感到嚴肅的他，是沒有勇氣開口談這

些事的。有次，偶爾講到《十年詩草》張家小姐為他題寫的書名，不想，他突然神采煥發了，不容別人插嘴，完全是詩意地描繪她家門第的書香、學養，以及跟她的美麗一般的開朗、灑脫於閨秀的典雅之書法、詩詞。這使我深深感動於他那詩意的陶醉。我明白了，年輕詩人首次於愛的真誠投入，是永難忘懷，無法消退的。雖然只是夢中的完美，又畢竟是寂寞現實中的安慰。」[註17] 該是對這段感情的最真實的註解！

而對於卞詩的評價，因篇幅所限，在此只引用學者趙毅衡的一段話做為結論，他說：「我個人認為，卞之琳三十年代的詩作，是中國現代詩歌的最高成就，一是中國傳統的繼承，二是西方現代詩學的吸收。這兩者，再加上婉約詞與玄學詩的美妙融合，產生了中國特色的現代詩。卞之琳在中國現代文學史上是獨一無二、無可替代的。能做到讓中國文學與世界文學的最佳水平『取齊』的，在本世紀的上半期，只有兩個人：三十年代的卞之琳，四十年代的張愛玲。」[註18] 洵非虛言。

《遊園驚夢》中的張充和（左）、張元和（右）

註1：《The Four Sisters of Hofei: a history》，Scribner出版，二〇〇二年。
中文版《合肥四姊妹》，鄭至慧譯，時報文化出版，二〇〇五年。

註2：張曼儀《卞之琳著譯研究》，香港大學中文系出版，一九八八年。該書
對卞之琳生平資料之蒐集，極為翔實，並獲卞本人之認可。該書封面為
張充和題字，而張曼儀寫此書也兩度訪問張充和。

註3、5：陳丙瑩《卞之琳評傳》，重慶出版社，一九九八年。

註4：〈徐志摩致卞之琳信〉，見《徐志摩全集》第五卷，廣西民族出版
社，一九九一年。

註6、11：卞之琳《雕蟲紀歷・自序》，人民文學出版社，一九七九年。

註7、12：北塔〈卞之琳先生的情詩與情事〉，《新文學史料》，二〇〇一年
第三期。

註8：江弱水〈《斷章》取義：主旨、啟示、玄機（代序）〉，收入《『斷
章』取義》，安徽教育出版社，一九九九年。

註9：師陀〈上海手札〉，收入《盧焚散文選》，江蘇人民出版社，一九
八一年。

註10：卞之琳〈合璧記趣〉，載《詩與畫》，一九八五年第廿一期。

註13：卞之琳〈人尚性靈，詩通神韻：追憶周煦良〉，《新文學史料》，一九九
〇年第二期。

註14：北塔〈情緣未了詩猶在〉，二〇〇一年一月《中國藝術報》。

註15：傅漢思〈初識沈從文〉（張充和譯），《新文學史料》，一九八八年
第四期。

註16：卞之琳〈題王奉梅演唱「題曲」〉，一九八五年十一月廿九 — 三十
日，《北京晚報》第三版。

註17：周良沛〈永遠的寂寞─痛悼詩人卞之琳〉，《新文學史料》，二〇〇
一年第三期。

註18：趙毅衡〈組織成的距離─卞之琳與歐洲文士的交往〉，《現代中文文
學學報》，二〇〇一年一月。

第十八章

千古知音難覓

之一——人生知己

魯迅在贈給瞿秋白的對聯曰：「人生得一知己足矣，斯世當以同懷視之」。是的，「相識滿天下，知心有幾人」！尤其是在那風雨如晦、朝不保夕的艱危日子裡，能得一「人生知己」，那真是大大的不容易，也難怪魯迅有此感慨乎！

瞿秋白比魯迅小十八歲，在魯迅生命的最後三、四年相識，他們一見如故，瞿秋白成為魯迅晚年最賞識的年輕朋友。而在瞿秋白生活困難之時，他又不肯接受魯迅的饋贈，於是魯迅總是設法讓瞿秋白出版一些書，以便獲得一些稿費版稅以維持生活。在瞿秋白危難無處可去之時，魯迅的家，成為他的避難之所。魯迅還為他找房子，掩護他。使瞿秋白在白色恐怖極其嚴重的上海，沒有遭遇不測。

他們兩人更在生命的盡頭時，精誠合作了十四篇雜文。瞿秋白的雜文當然比魯迅更具火藥味，因為他是作為政治家而發言的；

魯迅給瞿秋白的對聯

《海上述林》書影

而魯迅更多的時候是個思想家。在用詞的堅定程度上似乎魯迅不如瞿秋白，但在深刻方面則瞿秋白遠不如魯迅。而據馮雪峰和許廣平的回憶，這些雜文，絕大多數是瞿秋白和魯迅交換過意見，而後由瞿秋白起草初稿，經魯迅修改定稿，請許廣平謄抄，署上魯迅的筆名（有何家幹、洛文、子明等）投寄給《申報·自由談》和《申報月刊》發表的。

而在寫完這十四篇雜文的一年半後，瞿秋白就在長汀被槍決了。消息傳到上海時，包括魯迅在內的生前好友都極為悲痛。半個月後，魯迅曾約請茅盾在鄭振鐸家，商定編印瞿秋白遺作的有關事項，決定「由魯迅負編選的全責」。魯迅在環境十分險惡的情況下，抱病編印瞿秋白譯文集《海上述林》。他親自編輯、校對、設計封面、裝幀、題簽、選購紙張，直到魯迅逝世前半個月，《海上述林》上卷從日本印成寄到上海。魯迅說：「我把他的作品出版，是一個紀念，也是一個抗議，一個示威！……人給殺掉了，作品是不能給殺

掉的，也是殺不掉的！」。士為知己者
死，魯迅對瞿秋白而言，可說無愧於知
己了。

相對於魯迅與瞿秋白的短暫而濃
烈的「生死之交」；曹禺與巴金的「莫
逆之交」，則長達六十餘年。當年年僅
二十三歲的清大外語系三年級的曹禺，
以天縱之才寫下《雷雨》，然後他把稿
子交給他的好友靳以，當時靳以、巴金
和鄭振鐸三人一起在辦《文學季刊》，
靳以因礙於私交，他暫時把劇本擱在
抽屜，後來巴金來了，他把稿子交巴
金過目。巴金發現《雷雨》，他說：
「我感動地一口氣讀完它，而且為它
掉了淚。不錯，我落了淚，但是流淚以
後我卻感到一陣舒暢，同時我還覺得有
一種渴望，一種力量在我身內產生了。
我想做一件事情，一件幫助人的事情，
我想找個機會，不自私地獻出我的微
小的力量。」，然後《雷雨》便發表在
一九三四年的《文學季刊》第三期上。
巴金發現《雷雨》，也發現曹禺。

而在四〇年代，曹禺已是名聞遐邇

巴金

巴金與曹禺

的大劇作家；而巴金也以《家》等小説，贏得廣大的讀者。他們兩人卻有一次完美的合作，那就是曹禺將巴金的小説《家》改編為劇本，而且是那麼成功。僅管有論者指出，曹禺之改編《家》乃是借巴金之酒杯，澆自己之塊壘。但無可否認的，它是成功的。這無疑地，在兩人的友誼上更添一筆。他們的友誼一直維持了六十餘年，直到曹禺過世後，巴金的女兒李小林，曾打電話給曹禺的女兒萬方説，巴金一直惋惜曹禺的離去，「他就這麼走了，他心裡有好多好東西，他把它們都帶走了。」這話在早些年前，巴金就寫過信勸過曹禺説：「家寶（案：曹禺本名萬家寶），你要寫，你心裡有真寶貝，你要把它們拿出來。」，那真是「知心老友」的肺腑之言。

第十九章

千古知音難覓

之二——風義師友

有人説：「文人相輕，自古皆然」。但他們卻相交達半個世紀，而且是歷經生死的磨難，而無怨無悔、情篤如初的，他們就是胡風和路翎。當我們翻閱他們兩人往來的書信——《胡風、路翎文學書簡》，那兩百七十八封信，正展示出兩人間心靈的互通，並勾勒出一位評論家與一位小説家的精神對話。

胡風晚年回憶他初見路翎的情景：「約來見面以後，簡直有點吃驚；還是一個不到二十歲的休戚青年，很靦腆地站在我面前。我趕快請他坐下，很隨便地和他談著。慢慢地，他習慣了，就和我談了許多他的經歷和一些看法，相不到小小年紀已有這麼多的經歷。他年青，淳樸，對生活極敏感，能深入地理解生活中的人物，所以談起來很生動。這是一個有著文學天賦的難得青年，如果多讀一些好書，接受好的教育，是能夠成為一個大作家的。」

有人説，沒有胡風，就沒有路翎。是

路翎

路翎全家福

的，是胡風如此慧眼地發覺了路翎，並以父親般的寬容和慈愛，從精神上接納了，孤寂之中走投無路的路翎。而路翎也從胡風的豁達和健旺中，尋找到父愛般的感覺。這種敬仰之情，終其一生，都沒改變。五〇年代在路翎家當保姆多年的童敏秀就這麼說：「徐先生（案：路翎，本名徐嗣興）對胡風，就像對親老子一樣。」

在胡風的提攜下，路翎終於成為一個傑出的小說家。他的中篇小說《饑餓的郭素娥》、長篇小說《財主底兒女們》、短篇小說集《青春的祝福》、《求愛》等作品，更是經由胡風的幫忙而發表的。在當時因審查制度的嚴苛，胡風為此還情願去做有違他剛直不阿的性格的事。路翎這麼回憶著：「為了我的作品排印和出版，他和辛勞的梅志去送禮（這是以後我常記憶的）。他說，擔心得很，但我的煤礦工人題材的短篇，還是終於能付排了，因為送了禮的緣故，檢查官只刪了幾塊。他或者說，這回是向檢查官增多了送禮；或這回

倒霉些，被刪掉多些。他嘆口氣，看著我的小說稿上被檢查官劃起的紅筆的痕跡。」

患難見真情，路翎這位曾在四〇年代國統區，閃耀無出其右的天才作家，卻因「胡風反革命集團」的罪名，鋃鐺入獄，從此與世隔絕二十餘年。後雖平反復出，但已是一幅令人慘不忍睹的「灰燼」形象……。他的好友，詩人冀汸在〈哀路翎〉中就說：「在人生悲劇中，你的遭遇比你的任何一位朋友都要淒慘。一九五五年那場『非人化的災難』，將你一個人變成了一生兩世：第一個路翎，雖然只活了三十二歲（1923～1955），卻有十五年的藝術生命，是一位挺拔英俊、才華超群的作家；第二個路翎，儘管活了三十九歲（1955～1994），但藝術生命已銷磨殆盡，幾近於零，是一位衰弱蒼老、神情恍惚的精神分裂患者。」

而在這場歷史的悲歌中，身為主角的胡風，所受的身心煎熬當然更千百倍於路翎等同仁們。有人這麼認為，胡

路翎的部份著作

天才作家路翎

精神分裂的路翎

風是中國現代文人蒙難史中，悲劇色彩最濃的一個。雖然他的一生充滿了缺點──他自信、孤傲，甚至有些過敏和猜忌；但他又是中國現代文化人中，最堅韌、最勇敢的一個！試問有幾個文人能在看清真理後，至死不回頭的？有誰能夠熬受單身監禁三十年──其間又屢傳將被處死的消息──而信念不變的？

胡風曾以魯迅的唯一傳人而自居，他們都是「真的猛士，敢於直面慘淡的人生，敢於正視淋漓的鮮血」的人。他們都是「想憑奇骨，在這一代求得貫徹」的人。但胡風最終卻被整個社會看成一名「罪人」，負荷著良知與邪惡的落差，在飽經憂患的悲苦中，耗盡了一生。

經過這場冤獄，經過二十多年的不通音訊，他們的友誼卻長存。平反後，他們恢復往日的聚首。傳記作家李輝曾記著那麼一件事：那是在一九八五年胡風逝世的前十天，他要去醫院探望胡風之前，先

路翎與胡風

到路翎家，路翎得知後，便特地拿出一個沙丁魚罐頭，一定要他帶去給胡風，並特囑咐說別說是從他那兒拿去的。原來，這盒罐頭，正是路翎去看胡風時，胡風硬要他帶回來的。但是，他知道胡風最愛吃沙丁魚，他要讓這個小小的罐頭，重新轉回到他所崇敬和感激的胡風身邊。

「平生風義兼師友」，如果沒有胡風的提攜和扶植，路翎的文學創作不會獲得空前的卓越成就。而胡風的一些對文藝創作的見解，也在路翎的作品中，得到了出色的體現。他們亦師亦友，他們平生風義，這在現代的文人中是少見而珍貴的。

第二十章

千古知音難覓

之三——狂狷之士

詩人聞一多曾把李白、杜甫，比喻為「詩中的兩曜」。又形容他們的訂交，是「青天裡太陽和月亮走碰了頭」。而在四〇年代聞一多和朱自清，也被喻為文壇中的「狂者」和「狷者」。雖然他們沒有李、杜般地金樽對酒、賦詩論交；而是在孜孜不倦的治學生涯中，激發出切磋砥礪之情。但兩者同樣地，因誠篤的友誼，而留下了佳話。

有人說聞一多的人生道路，可分為三個階段：詩人、學者及民主鬥士。是的，綜觀聞一多一生，他的性格是複雜多變、絢麗多彩的。或謂他終其一生，都在追求一種藝術的境界和風度。他從落拓不羈、奇思異想的藝術家派頭，到灑脫儒雅、不修邊幅的名士風度，而最後則是一怒拍案而起，宛如爆裂的火山，烈焰迸飛，炙得千百萬人的血液沸騰的民主鬥士。

而相對於聞一多的跳踉搏躍，朱自清則顯得沉默而堅持。他的一生言行，就宛如一

股迂緩曲折而前行不息的溪流，它飽含
著鬱勃之氣，歌嘯著前進，遇有嶙峋崎
嶇的阻礙，或繞道而行，或衝越而過，
從無滯留。而最後它的流速變得迅疾
了，它的歌嘯也更響朗了，激蕩著那一
時代的強音。

一九三二年秋，聞一多到清華大學
任教，其時朱自清正自英國歸來，正式
主持清華中文系，這是他們共事論學的
開始。由於個性的差異，初無太熱烈的
交往，而是相互尊重敬佩的。朱自清曾
嘆服聞一多的《唐詩雜論》説：「不但
將欣賞和考證融化得恰到好處，並且創
造了詩樣精粹的風格，讀起來句句耐人
尋味。」而對於聞一多寫的新詩，朱自
清更是愛不釋手，在編《中國新文學大
系》的〈新詩卷〉時，他就選了聞一多
的詩，多達二十九首。

抗戰期間，他們同到昆明。初不
住在一起，但卻互通聲氣，朱自清休假
了，系主任就由聞一多兼代。後來兩人
都同住司家營文科研究所，感情就更
親近了。朱自清説：「聞先生是個集中

朱自清

朱自清（1932年）

中國近現代文人心靈的探尋

的人，他的專心致志，很少人趕得上。研究學術如此，領導行動也如此。他在雲南蒙自的時候，住在歌臚士洋行的樓上，終日在做研究工作，一刻不放鬆，除上課外，絕少下樓。當時有幾位同事送給他一個別號，叫做『何妨一下樓主人』，能這麼集中，才能成就這麼多。半年來我讀他的稿子，覺得見解固然精，方面也真廣，不折不扣，超人一等。」而聞一多對於摯友的成果，也是極為看重的。當時朱自清正在寫類似「人生一角」的討論生活的標準與尺度的文章，聞一多就高興地稱揚這些文辭簡約而又含蓄的文章，「作法有些像詩」。

　　一九四六年七月十五日下午一時三十分，聞一多前往府甬道十四號民主周刊社，出席記者招待會時，慘遭暗殺身亡。做為民主鬥士的聞一多，在生命的盡頭裡，就這樣引吭論辯、馳騁奮戰，直到他作完驚破敵膽的最後講演，他以自己的鮮血，完成了光輝的人格寫照。當噩耗傳來，朱自清悲憤填膺，他在日記上寫著：「此誠慘絕人寰之事。自李公樸被刺後，余即時時為一多之安全擔心。但絕未想至發生如此之突然，與手段如此之卑鄙！此成何世界！」。於是他寫下正氣凜然的〈懷念聞一多先生〉的詩：

　　　　你是一團火，照徹了深淵；

　　　　指示著青年，失望中抓住自我。

　　　　你是一團火，照明了古代；

　　　　歌舞和競賽，有力如猛虎。

　　　　你是一團火，照見了魔鬼；

　　　　燒毀了自己，遺爐裡爆出了新中國！

　　為葆摯友之遺澤，並彰其業績，朱自清擔任了「整理聞一多先生

《聞一多全集》書影

遺著委員會」的召集人，並且親手為《聞一多全集》擬定目錄，組織清華同仁中飽學之士，分工整理，他則負編纂的總責。他那時胃病相當嚴重，有時痛得冒汗，但他還是拼盡最後的生命，在聞一多犧牲後的十個多月之時，就編竣完成。而在一九四八年八月間，精裝四大冊的全集，由開明書店印成。但讓人遺憾的是，八月十二日，朱自清因胃部出血，迸發肺炎，溘然長逝，他竟然來不及看到全集一眼。

「狂者進取，狷者有所不為。」，相對於聞一多的絢爛多彩，朱自清無疑的是更「平常」了。五十年生涯，斜陽遠巷，夜語昏燈，在人生的旅述上，他平實地一步步印上他的腳印。「訥訥向人鋒斂芒」，該是他自身的最佳寫照！

朱自清晚年的身影（1948年）

第二十一章 愛在最初一眼

之一──關於眼睛

詩人艾青有首詩，詩名就叫〈關於眼睛〉。

詩人這麼寫著：

> 有那麼一雙眼睛
> 在沒有燈光的夜晚
> 你和她挨得那麼近
> 突然向你閃光
> 又突然熄滅了
> 你一直都記得那一瞬……

那是詩人四十多年前的往事，時光沖淡了多少的記憶，但詩人卻獨獨記得那一雙眼睛。那伊人剪水明亮的雙眸，在漆黑的深夜，突然回首的一瞥，是那麼激烈地擒住詩人的心房，令他終生難忘。

雖然，往事已蒼老，但他都記得那一瞬間。詩人在晚年曾深情地輕啟那塵封之鎖，他說：「我們靠得很近。走著走著，我把手輕輕放在她肩上。她沒有拒絕，而是柔情地說：『別這樣，有人看見！』……」。但詩人最後並沒有擁有那雙眼睛，只因為：

你沒有勇氣看它

因為你不敢承擔

它對你的信任

　　但在詩人的記憶中，卻有拂之不去
的倩影：

有那麼一雙眼睛

深得像一口古井

四周有水草叢生

你只向井裡看了一眼

經過多少年

你還記得那古井

　　艾青詩中的女主角是當年任桂林
《救亡日報》的女記者高灝，她以婀娜
的風姿、秀美的神韻和典雅的舉止，令
桂林文藝界為之傾倒。著名的日本反
戰作家鹿地亙就這麼說過：「高灝和高
汾，兩人都是夏衍主辦的《救亡日報》
的女記者。說真的，兩個人都是西施般
的美女。比起帶幾分天真活潑的妹妹汾
來，還是具有那種的難得的女性溫柔的
姐姐灝，更奇妙地打動了我的心。我不
能不認為自己留在桂林是一種幸福。」

　　艾青與高灝最初相識是在一次詩

艾青與夫人高瑛於1957年

歌朗誦會上。高瀨用甜美的聲調、豐富的表情，朗誦了艾青的詩篇，博得與會者的喝彩。艾青也為這位姑娘如此深刻理解自己的作品而激動。此後他們在音樂晚會上、在文化人的集會上，經常見面。兩人也經常漫步與交談。艾青後來回憶說：「她長得很漂亮，溫柔而和善，說話總是慢聲細語，有一種甜潤之感。她對我很有感情，我也很喜歡她。這事不久就傳遍了桂林，都知道我們很要好。當時，也有人把她介紹給范長江，我通過『內線』詢問她：是喜歡艾青還是范長江？她婉言做了回答：『我立志走文學之路。』」。而有一次，艾青和高瀨一起參加一個晚會。有人要艾青唱歌，艾青不唱，大家就喊：「高瀨代替！高瀨代替！」高瀨就站起身，代替艾青唱了一首名叫〈向上爬〉的歌曲。

一九三九年夏秋之間，艾青和高瀨乘坐一輛車子去桂林遠郊參觀一個農場。路過一條山間的小溪時，他們下車步行。高瀨身穿一件藍色的旗袍，微風吹過，她那柔美的線條更清晰地顯現出來。她在小溪流中一邊向艾青講述她童年的故事。參觀回來，艾青在門上發現了鹿地亙和馮乃超的名片和留言，說他們來訪未晤。於是艾青和高瀨一起去看望他們，那天晚上他們一直暢談到熄燈的時刻。馮乃超舉著蠟燭送艾青和高瀨下樓梯。走到樓梯拐彎處，馮乃超回去了。這時走在前面的高瀨突然回過頭來看艾青一眼。這一眼，是那麼激烈地抓住了艾青的心，使他久久不能平靜。這就是後來艾青〈關於眼睛〉中所不能忘懷的那一雙眼睛。

作家巴金在初識他的戀人蕭珊時，他記得的也是蕭珊的一雙眼睛。後來巴金把它寫進小說中：「她那兩顆圓圓的漆黑的眼珠，頑皮

地在劉波的青癯的臉龐上滾來滾去⋯」，「她銜著吸管慢騰騰地吸著冰水，一面抬起長睫毛蓋住的不大不小的眼睛，調皮似地偷偷望著劉波⋯⋯」。比艾青幸運的是，這雙眼睛一直陪伴著巴金，走過三十幾年的風風雨雨。直到蕭珊臨死前，巴金還覺得「她的眼睛比任何時候都更大、更美、更亮」，然後她「沒有臨終的掙扎」，是「慢慢地沉入睡鄉」。雖然那一雙眼睛，已離他而去又將近三十年，但它卻永遠閃亮在巴金的記憶之海，終其一生。

詩人馮雪峰有首〈哦，我夢見的是怎樣的眼睛〉的詩：

> 哦，我夢見的是怎樣的眼睛！
>
> 這樣和平，這樣智慧！
>
> 這准是你的眼睛！這樣美麗，
>
> 這樣慈愛！襯托著那樣隱默的微笑；
>
> 那樣大，那樣深邃，那樣黑而長的睫毛！
>
> 那樣美的黑圈！⋯⋯

那是詩人被關在上饒集中營裡，思念遠方的伊人所寫的詩句，而這詩句感動著同牢房的畫家，畫家不禁以鉛筆畫下詩人筆下的眼睛。十年之後，畫家在北京驚見到那雙眼睛，他才明白，在囚禁的日子裡，馮雪峰所思念的，是一直在他生命中「失之交臂」的丁玲。

馮雪峰曾是丁玲的「最愛」，雖然那時她已和胡也頻同居了，但無疑地馮雪峰的才華更強烈地吸引著丁玲；那種情感不同於和胡也頻的那種「浪漫而又帶有孩子一般的遊戲」，而是刻骨銘心的愛戀。丁玲曾責怪馮雪峰缺乏胡也頻的熱情和勇氣，不然她是會隨馮雪峰而去的。不久，胡也頻作為「左聯五烈士」之一，被槍殺了。沉睡於丁玲

心中的愛情火山，又噴出熾熱的岩漿，雖然此時的馮雪峰已使君有婦，但丁玲還是難掩她赤裸的真情，寫下〈不算情書〉的書信，寄給詩人，表達她的愛意。

　　不同於丁玲外露的感情，詩人卻把那雙「很大很深邃，黑白分明，很智慧，又很慈和的極美麗的眼睛」，深藏於記憶之中，終其一生。而回報詩人對「那雙眼睛」的深情，丁玲在她臨終前不到一個月的大年初一，從病中醒來，聽著窗外的鞭炮聲，她對秘書說：「雪峰就是這個時候死的。」十年的往事，成為告別人世前的喟嘆，不能不說是，真情的絕唱。

　　關於眼睛，有人說它是靈魂之窗，有人說它是秘密的鎖孔。從它那兒，可以窺探內心，「因為欣喜若狂，無限悲傷，都通過眼睛」。戀人對望著「似嗔非嗔，似喜非喜」的含情目；船婦面對茫茫大海的，卻是望穿秋水的倦眼；還有那說謊的眼睛、渴望的眼睛、哀求的眼睛、寬恕的眼睛，但它們似乎都比

蕭珊的眼睛曾迷戀巴金一生

二〇年代的丁玲

不上愛情的眼睛——那夢也似地飄忽不定，卻把愛人的心，牢牢地繫緊。

丁玲與胡也頻

晚年的丁玲

第二十二章

愛在最初一眼

之二——牽手與放手之間

記得在閱讀蕭紅與蕭軍的傳記資料後，曾寫下他們兩人相見的一刻，是那麼令人動容——

一九三二年夏天，《國際協報》收到一位女性讀者來信，請求給予幫助，能夠為她寄去幾本文藝讀物，因為她是被旅館所幽禁的人，沒有外出的自由……信是寫得很淒切動人。主編斐馨園便讓蕭軍到旅館看一看情況，是否屬實。這天黃昏，蕭軍帶著介紹信和幾本書找到哈爾濱道外正陽大街南十六道街的東興順旅館。穿過二樓昏暗的長長通道，蕭軍來到名為張迺瑩的房間，敲門，沒有動靜；再敲門，門扇輕輕地開了，黑暗中出現了個披頭長髮的女人，活像一個幽靈。一張近於圓形的蒼白的臉，嵌在頭髮中間，一雙特大的閃亮的眼睛，直視著蕭軍，聲音顫抖著：「您找誰？」，「張迺瑩！」，「唔……」。蕭軍走進這斗室，燈光昏暗，霉氣沖鼻。他把老斐的信遞過去，打量起這位姑娘來。姑娘身穿一件已經褪色的藍單長衫，開襟有一邊已經裂開到膝

蓋，懷孕的身形，烏髮中，竟夾雜著根根白髮。然而那蒼白的臉是美麗的，一雙大眼睛，閃著秋水般的瑩光。

姑娘坦率地向蕭軍傾吐了自己不幸的身世和遭遇：她當時二十歲，是個中學生，逃婚在外。未婚夫找到她後，花言巧語地騙姦了她，在旅館已經住了半年。她懷孕後，又被薄情的未婚夫遺棄，現在欠帳無法歸還，被當作人質軟禁在這裡。說罷，她深情地打量這個穿著藍布學生裝的、充滿剛毅之氣的青年。姑娘讀過蕭軍的作品，但沒想到他是這樣隨和的青年！

無意間，蕭軍發現了放在桌子上的詩作：

> 這邊樹葉綠了，那邊清溪唱著……
>
> ——姑娘啊！春天到了……
>
> 去年在北平，正是吃著青杏的時候；
>
> 今年我的命運，比青杏還酸！

剎那間，猶如一道電光石火，在眼前閃爍，蕭軍感到整個世界全變了！出現在他面前的是世界上最美麗的女人！是一顆晶明的、美麗的、可愛的、閃亮的靈魂！於是，他暗暗發誓，要不惜一切犧牲和代價，拯救這位不幸落難的才女！他決心同她結婚，這既是為了愛，也是為了將她從苦海中搭救出來。至於她的被誘姦、懷孕，他完全不去考慮。他愛的是她那驚人的、超凡的才華和她那純美的無瑕的心靈。

於是他將自己兜裡僅有的五角錢留給她，又給她寫下了自己的地址，連夜向老斐匯報去了。蕭軍與蕭紅（案：張迺瑩就是後來的女作家蕭紅）就這樣認識了。

是的，蕭軍和蕭紅就這樣相愛起來了，只源於那充滿秋水般、帶有

才氣的一雙大眼睛。

「執子之手，與子偕老」，但他們兩人卻沒有偕老。一九三八年春，他們卻在臨汾分手了。這一對在松花江畔定情，在青島、上海等地同甘苦、共患難達六年之久的文學伴侶，就這樣在人生道路上分手了，一對魯迅麾下的「小小紅軍」，就這樣訣別所愛了！

蕭紅與蕭軍於哈爾濱

蕭軍在致蕭紅的信中，這樣寫道：「你是這世界上真認識我和真正愛我的人！也正為了這樣，也是我自己痛苦的源泉，也是你的痛苦源泉。可是我們不能夠允許痛永久地嚙咬我們，所以要尋求各種解決的法子。」蕭軍有著東北「流浪漢」的個性，雖然他知道凡事要「忍耐」，但詩人浪漫的性格，又時時衝擊他的心靈，他無法沉潛自己真摯的感情。而蕭紅看似極端堅強、極端敏感的女子。她面對蕭軍的感情傷害，她隻身遠赴日本裹傷，但內心深處還惦記著蕭軍。她給蕭軍的信中說：「現在我告訴你一件事情，在你看到之後一定要在回信上寫明！就是第一件，你要買個軟

蕭紅與蕭軍於上海

蕭紅在日本

蕭紅在香港

枕頭，看過我的信就去買！硬枕頭使腦神經很壞。你若不買，來信也告訴我一聲，我在這邊買兩個給寄去，不貴，而且很軟。第二件，你要買一張當作被子來用的有毛的那種單子，就我帶來的那樣，不過更該厚點。你若懶得買，也來信告訴我，也為你寄去。還有，不要忘了夜裡不要吃東西。」寫這封信時，蕭紅忘了自己是個出色的女作家，而只是一顆體貼入微的女子的平常心。

　　愛人的冷暖，曾是她自己的冷暖。這樣的愛，是經不起傷害的。然而，傷害還是出現了。曾是三〇年代中國文壇最幸福、願作鴛鴦不羨仙的伴侶，終究分手了。曾經「牽手」想共渡一生，卻終究不能不放掉伊的手，看著她的背影遠走……。難怪張愛玲曾說：「執子之手」，是最悲哀不過的詩句。只因「牽手」之後，常免不了要「放手」的，而「放手」看似瀟灑，實際上是淚乾心枯之後的絕望。

　　正如當年張愛玲對胡蘭成清堅決絕的話語：「你到底是不肯。我想過，

我倘使不得不離開你，亦不致尋短見，亦不能再愛別人，我將只是萎謝了。」當年的愛意滿盈，萬水千山、傾國傾城，而今雙手一放，紅塵無愛、人世蒼涼。那是人間最淒烈的場景，尤其是在渡口的地方，岸凝江流，帆起舟行，此岸彼岸，放手之頃，即成永訣。難怪張愛玲要說：「那天船將開時，你回岸上去了，我一人雨中撐傘在船舷邊，對著滔滔之黃浪，立涕泣久之。」

四年後，年僅三十一歲的蕭紅，病逝香江。在生命的最後時刻，她說：「我愛蕭軍，今天還愛，我們同在患難中掙扎過來！可是做他的妻子卻太痛苦了！」。而半個世紀之後，蕭軍整理注釋他們兩人的書信集，並寫下「鍾期死去哀千古，地老天荒一寸心」的詩句。

驀然回首，碎影滄桑，燈火闌珊處，卻不見伊人蹤影。花開堪折直須折，有愛當愛直須愛。是否真的要到放手之後，才「此情可待成追憶」呢？

第二十三章

柔情裏著我的心

雖然志摩説，「悄悄的我走了，正如我悄悄的來，我揮一揮衣袖，不帶走一片雲彩。」又説：「我死了的時候，親愛的別為我唱悲傷的歌。」在七十多年前，詩人似有預感地説：「砰的一聲炸響──炸碎了我在飛行中的幻想，青天裡平添了幾堆破碎的浮雲。」詩人是走了，但卻不是悄悄的，更不是不帶走一片雲彩！

噩耗傳到好友胡適耳中，他嘆道：「天才橫死，損失的是中國文學……」；友人郁達夫則高喊著：「生龍活虎的一個志摩，怎麼會死，天公太不公道了。」 其它文友或後輩詩人，如聞一多、丁玲、冰心、儲安平、溫梓川、陳夢家、方令孺、方瑋德、何家槐、趙家璧、趙景深等，均同聲長嘆：「志摩去了，第一受打擊的是新詩……」 。當然這不幸的消息還傳遍上海光華、東吳大學，南京的中央大學、蘇州女中，北平的北京大學、女子大學。只見課堂裡一片欷歔之聲，他們再也見不到這

徐志摩

林徽音

位「最受歡迎的老師」的音容笑貌了。女同學中，有人忍不住地放聲痛哭。而在國外，不管美國的克拉克大學、哥倫比亞大學；英國的倫敦政治經濟學院、劍橋大學，甚至泰戈爾所創辦的印度國際大學，在那裡為數不少的國際友人，大家都無不為志摩的英才早逝而同悲。

噩耗傳到未亡人陸小曼的耳中，她一時目瞪口呆，僵若木雞，她欲哭無淚，欲喚無聲，她感到「天垮了，地陷了，世界進入了一片黑暗。……」而在北京等候志摩前來聽演講的林徽音，在知得消息後，也兩眼發黑，雙腿一下軟了下來，然後她和丈夫梁思成流著淚，編了個以鐵樹枝做主體綴以白花的小花圈，中間嵌著志摩的照片，敬悼於志摩的靈前。而早與志摩離婚，卻被徐父收為繼女的張幼儀，在聽到噩耗時，她馬上聯絡上她的八弟張嘉鑄，然後對兒子徐積鍇（阿歡）說：「你爸爸上天了，快隨你舅舅去接靈吧！」。我們看到他生命中最重要的三個女人，為他在「唱悲傷的歌」。當然還不僅如此，在當時

還有太多太多，識與不識者，惋惜這位文采風流的詩人，只因他帶走了太多的雲彩。

志摩走了，他留與人間一卷詩，也留與人間一段情！雖然歲月無聲，逝者如斯，七十多個寒暑已靜靜地流逝，但人們並沒有忘記他，只為他的詩，他的情，與無數的讀者有過「交會時互放的光亮」！因此連續劇《人間四月天》的推出，才會風靡整個華人地區。志摩正如林徽音所說的「你是一樹一樹的花開／是燕／在樑間呢喃／你是愛，是暖，是希望／你是人間四月天」。

「愛是痴，恨也是傻；誰點得清恒河的沙？」。「問世間情為何物，直教人生死相許。」志摩終其一生，在尋訪「靈魂的伴侶」，雖然他執意追求的徽音，卻如天邊月，水中花，終究是「天不叫我遂理想的心願」；而好事多磨，拚盡一博的陸小曼，最終卻讓他愛怨交集……他企盼「新的願望，跟著新的年產生」，「舊的煩悶跟著舊的年死去」。但他卻又如「春蠶不死絲不盡，

徐志摩英姿煥發

蠟炬未了淚長流」地一往情深，只因他的柔情，如 「蕉衣似的永遠裹著我的心」！

陸小曼美目倩兮

二〇〇〇年六月二十日晚上，因事至報社，就在截稿前，驚聞柯靈先生於十九日病逝上海華東醫院。剛從上海回來的我，內心真是百感交集，悵然久之。

認識柯老和高師母（柯靈原名高季琳）是一九九三年的事，那時因為要拍「作家身影」紀錄片之事，除在上海復興西路寓所當面向其請益外，又通了不少信函，柯老是知無不言、言無不盡。他甚至告訴我們當年明星影片公司為了紀念一代文豪的逝世，由歐陽予倩、程步高、姚克先生率領攝影人員到魯迅的寓所，拍下最後遺容，這或許是有關魯迅僅存的紀錄片。由於柯老在電影界、文學界的崇高地位，因此許多受訪者，都是透過他的提供線索而順利地訪問到了。

他在一九九三年給我的信上這麼說：「九月三日信，奉悉。紀錄片計劃甚善，為作家作螢幕寫像，有豐富生動的文學意味，自是要著。將來有所見委，自當竭棉。」八十多歲的

柯靈的最後身影

張愛玲的〈心經〉是
經柯靈之手發表的

老先生為這件事，還是如此熱心，能不令人為之動容！於是我們感動之餘，特聘請他與巴金先生、冰心先生、蕭乾先生、林海音先生同為「作家身影」的五大名譽顧問，不同於其他團體，他們真做到又「顧」又「問」了。

一九九四年元月，柯老和高師母來台北，參加「從四〇年代到九〇年代」兩岸三邊華文小說研討會，而我們也在會後錄下他當年在當《萬象》雜誌主編時，張愛玲抱著一包稿子來交給他時的訪談畫面。半個世紀過了，但當柯老談到此情此景時，可說是彷如昨日，那種「愛才憐才」與「喜出望外」的神情躍然臉上。而早在十年前他就寫下〈遙寄張愛玲〉一文，為張愛玲在大陸的解凍，發出第一聲；而這在當時的政治環境，是需要有多大的勇氣！但柯老本著讀書人的風骨，言其所當言；就如同他對梁實秋的〈抗戰無關論〉的大膽鳴冤一般！說不盡的張愛玲，在柯老的心中一直懷念這位老友，甚至在病中得知張愛玲逝世的消息後，他傷痛地寫下：

「一代才女，從此永訣。廣陵散雖絕響，餘音長留天地。愛玲老友，魂兮歸來。」

「文如其人，人如其文」，用之於柯老，可說恰如其分。論者稱其「攬國家民族苦樂於襟懷，展古今歷史憂思於筆端，有第一等襟抱，始有第一等文章，故其人其文，自成高格。」而在日常的交往中，他總是那麼和藹、慈祥，有長者之風。由於在台北我的一次小小的做東，換的是他老人家特地請人在杭州西冷印社，幫我刻了一顆印章送我。如今我手撫著有他署名的印石，卻再也看不到他的音容笑貌了！

三年前收到他的《書信集》，僅編到一九九二年，又得知他寫信從不留底稿的，為此編起書信集就倍加困難，於是今年三月乘友人赴滬之便，將他給我的信，影印後全數送回，以為他日後編書之用；並告知他我五、六月將有上海之行。友人帶回他溫語的問候，並帶回一大串名單，那全是他在台灣的朋友，他要友人——為他打電話問候，他們在「九二一」大地震中，可曾安好？

柯靈伏案寫作的情景

　　五月底，從上海友人陳子善先生處得知柯老病重的消息，心中一直期盼他能轉危為安。六月初到了上海，因為他還在加護病房，無法探視，只能衷心默禱他早日康復。沒想到回到台北沒幾天，竟傳來如此噩耗！天曷言哉！天曷言哉！

　　一個如此和藹的長者，老天你竟然就這樣把他帶走了！我真不知道高師母會怎樣的傷痛？！只為他們倆是那麼鶼鰈情深，我曾認為巴金的〈懷念蕭珊〉和柯靈的〈回首血淚相和流〉，可說是文革中寫盡夫妻生死相依相扶的千古至文。如今，晚失伴侶，高師母想必也要血淚相和流。師母保重了！柯老安息了！

柯靈與高師母（陳國容女士）鶼鰈情深

第二十五章

遺落的明珠

——尋訪三〇年代女詩人徐芳

早在四年前,因籌拍胡適紀錄片,而得知「徐芳」這個名字,但只知她是北大國文系畢業的高材生,是胡先生的愛徒,其餘則茫昧無稽。

去年冬,在大量閱讀史料的過程中,胡適、吳宓的日記、顧頡剛的年譜、張中行的回憶錄、施蟄存的序跋,都提及徐芳這個女詩人,尤其是張中行還是徐芳的同班同學,兩人有過四年的同窗之誼。後來在北大史料的剪報中,尋覓到徐芳代表國文系進謁校長蔣夢麟,談改革系務之事;更有她進謁文學院長胡適,就胡適接替馬裕藻兼任國文系系主任,而提出改革建議的身影。在北大《歌謠周刊》復刊後,她以北大文科研究所助理的身份,更銜胡適之命,接下該刊長達一年有餘的主編工作。其間她在繁忙的編務工作外,還寫了四篇內容紮實、言之有據的歌謠論文。

抗戰軍興,大批學者、文人輾轉於重慶、昆明等大後方,徐芳也隻身來到西南。施蟄存

在昆明就見過她，當時在場的還有吳宓、沈從文、李長之等人，大家都異口同聲地叫著：「女詩人徐芳」。然而到了四〇年代後，這個名字，卻在大家的腦海中淡出了。不僅如此，後來我們遍查文學史、新詩史都未見其留下任何鴻爪，甚至後來連徐芳這個人，也杳如黃鶴了。

今年一月間，因緣際會，見到已九五高齡的徐芳奶奶。時光雖在她的容顏寫下了風霜；卻也在她的腦海中平添了心史。她面對我的探詢，開啟了記憶之鑰，這些記憶有著時代的印痕，往事歷歷，並不如煙！驚訝於，她的太多可念之人、可感之事、可憶之情，乃勸其重拾舊筆，為文學史再添斑斕的一章。

而在新作尚未寫就之前，整理舊作，就成為刻不容緩的事。三月間，在女兒的協助下，終於整理出《中國新詩史》及《徐芳詩文集》兩

徐芳（左三）與胡適（右二）及《歌謠周刊》同仁合影

冊文稿。其中除少量的詩文，曾經發表過外，其餘均為未刊稿，當然包括《中國新詩史》。該論著為她在北大的畢業論文，是在胡適的指導下完成的，初稿目錄上還有胡適的朱筆批改。後來胡適曾將其交給趙景深，擬將出版。然因抗戰逃難，都唯恐不及，夫復何言付梓之事呢？於是，一本甚早完成的「新詩史」的著作，就此塵封了七十年！

在展讀她的詩文集時，我們看到她由初試啼聲的嫩筆，到風華正茂的健筆，再到國是蜩螗的另筆；我們看到她上承閨秀餘緒，繼染歌謠風韻，終至筆端時見憂患的風格與樣貌。而這些生命的陳跡，都化作文字的清婉與感喟。珠羅翠網，花雨繽紛。

在三〇年代，寥若晨星的女詩人之中；在林徽音、謝冰心以降，徐芳是顆被遺落的明珠。她的被遺落，在於世局的動盪和她「大隱於市」的個性。老人一生行事風格，追求安穩平淡，不喜張揚。在經多次的勸說，才願將其作品刊佈，但其本意也只想留作紀念，聊為備

徐芳

徐芳與夫婿徐培根合照

《中國新詩史》及《徐芳詩文集》書影

忘而已。

　　但做為新詩史料而言，這些或清麗婉約或暗含隱懷的珠璣之作，在三〇年代，是該佔有一席之地的。而以花樣年華的大四學生，膽敢月旦她的師輩詩人，並能洞若觀火、一語中的地，道出詩人們的不足之處，則若非她本身也是創作能手，是不能、也不易深入堂奧並探驪得珠的。因此《中國新詩史》雖為其少作，但卻可見出她早慧的才華與高卓的悟力。在她通讀被評論者的詩作之後，她通過其詩境，返映到自己的詩心，再透過她如椽之筆，化為精闢的論述。她錦心繡口，假物喻象地寫下她的真知灼見，雖片羽吉光，卻饒富況味。七十年後的今天，我們讀之，還不能不佩服她的慧眼與膽識的。

　　一卷論文集，一卷詩文集外。還有兩個劇本，少量的詩作（如胡適在日記中，極為贊賞的〈車中〉一詩），尚未尋獲。部份的往來書信，尚未整理完成。那就有待來茲，再做補遺了。

　　「五四」的燈火雖已遠逝，但它造就了一批女作家、女詩人，她們以「才堪詠絮」的健筆，幻化出絢爛繽紛的虹彩。它成了愛好新文學，尤其是女性文學的讀者，所不能不看的一道絢麗的風景。而徐芳又宛如其中的一道光影，倏起倏消，如夢還真。

第二十六章 沾親與帶故

胡適生前最不喜歡「我的朋友 ＸＸＸ」這類文章，但當今卻有許多人喜歡「我的母親 ＸＸＸ」之類的講演。其所以如此者，在於胡適身為考據家，他深知「我的朋友」這類文章，或為誇耀、或為沾光，有太多不可信之故也；而時人之所以去追逐「我的母親」，則或為獵奇、或視為獨家，而認為有太多可信也。但弔詭的是，由於眾人的追求所謂的「真實」、仰慕所謂的「權威人士」，因而沾親者有了挾持祖輩遺物的特權，帶故者有倚重親身交往而炫示的便利。他們開始口沫橫飛、誇誇其談，哪怕弄虛作假，也沒有人表示懷疑；哪怕張冠李戴，也沒有人加以辯駁，他們為傳主製造神話與傳奇，卻要累壞了如胡適般的考據家，不知多少光陰。

當然也不可全盤否定這些沾親帶故者，因為有許多後人晚輩、門生故舊，能秉持「不為親者諱、不為賢者諱」，而如實地提供了一手的資料，則其價值可說是彌足珍貴了。例如曹

吳宓

胡適（右二）與曹珮聲（右一）

禺的女兒萬方對其父親性格的分析與批評，比照後來才公開發表的曹禺日記，更具透徹些。她不同於某些家屬對傳主的褒揚，她寫出了父親的矛盾與掙扎、痛苦與絕望，於是我們看到了晚年「清醒於渾沌之中」的曹禺、看到「思想成了蒼白、稀薄、不斷飄散而去的霧」的曹禺。

作家、名人在他們的事業成就外，他們又都是凡人，他們不可能只有超越自我的勝利時刻，也必然要面對軟弱卑怯的剎那。相當多的作家和名人，他們從不避諱他們心靈的陰暗面，因此魯迅寫下了《野草》的詩篇，胡適、吳宓更在他們的日記裡記下他們的婚外戀。由此我們更活生生地了解他們豐富而複雜的個體，而從未因此減低對他們的崇仰。

一個歷史人物，一旦進入傳記領域，則他的「真實」，永遠不會是絕對的。甚至作家的自白、親友的旁述、評論家的月旦，也只能得到一個側影。儘管如此，我們還是寄望更多的作家自述

或回憶，一本真誠、娓娓道來；而親友們更能無所隱諱地提供珍貴資料，再加上從作品去探求作家那些在實際生活中，遭受壓抑的情節、那些被埋在心腑而無法言宣的話語。唯有如此，我們才能一步一步地逼近作家的心靈深處；否則只誇談傳主的成就，而隱去她某些生命情節，甚至在「詩無達詁」下，硬要落實某件具體事件，而忽略詩人廣袤的想像空間，都無疑是焚琴煮鶴、大煞風景的事了。而原本肩負「還歷史一個真實」的重責大任的家屬，也因自己的拘謹與曲解，而讓「追求真實」變得緣木求魚了。

第二十七章　涇渭分明

在中國現代文學史上，「周氏兄弟」是永遠繞不開的話題。在風雷激盪的「五四」時期，他們曾以反封建的戰士形象，出現於新文壇。他們並駕齊驅、並肩作戰；然而到了二○年代，周作人卻從「風口」踅回「苦雨齋」，他卸下「戰士」的盔甲與「桂冠」，在「自己的園地」裡作著《雨天的書》、《苦茶隨筆》。而後怡怡四十年的兄弟之情，也因故絕交，兩人終成參商。

究其原因，此時的周作人已由人文理想主義者，退為人生虛無主義者。雖然當時的魯迅也覺得「惟『黑暗與虛無』乃是實有」，生命只有「一種終點，就是：墳」，但魯迅斷然採取了「偏要向這些作絕望的抗戰」；而周作人則不同，他不厭其煩地一再談論「看夕陽，看秋河，看花，聽雨，聞香，喝不求解渴的酒，吃不求飽的點心」，後來又加上「抄書」之類的雅人情致，暗示了他愈來愈精練雅致，但也愈來愈頹廢空虛的心懷。於是他一步一步地退

周作人的散文集

晚年的周作人

隱到小我之中，「歷史」在他的筆下，顯得如此令人絕望。

　　這種「唯美──頹廢」的思想，雖曾促使他透過草木、蟲魚這些細微瑣事，開拓了更為精緻的私人視野，並將所謂「閒適」的小品文，推向了高峰；但也因此他並非一次地用「頹廢時代」，來形容明末亂世及其在現代中國的重演，並視為不可改變、無力改變的歷史宿命。最後這種頹廢史觀，將他從

高超的唯美之塔，引墮到「苟全性命於亂世」的低俗中。而原本只想站在一旁「看戲」，但卻被一場侵略戰爭推迫，扮演了一個「附逆」的尷尬角色。後來因「漢奸」罪名，先在老虎橋監獄為囚犯，出關後成為翻譯工作者，勉強度過了斜陽餘生，直到「文革」被紅衛兵整死。

　　周氏兄弟，原有太多太多相同的背景，可說是同出一源。但後來一位更傾向於利他主義，知其不可為而為之；一位更傾向於利己主義，知其不可為而不為。於是最後涇渭分明，「東有啟明，西有長庚」，兩星各據一方，卻永不相見。

魯迅（前排左六）與周作人（前排左三）

第二十八章 改名換姓

武俠小說中的好漢，最常說的一句話是：行不改姓，坐不改名。但到了文人手中，改名換姓，卻成了司空見慣的事了。似乎不取個筆名、弄個別號，甚至用個齋名，就不像個文人。於是有人用了上百個別名、外號，這就讓後來的研究者傷透了腦筋，不得不編寫本名、筆名、別號等對照的工具書了。

其實說起來作家的筆名，有的是妙手偶得，有的卻是大有來歷。像武俠名家金庸，他本名查良鏞，金庸乃是從「鏞」字拆開而得，誰知後來人們只知金庸，而常忘記他的本名。相同的例子，老舍是從舒慶春的「舒」字而得，曹禺是從萬家寶的「萬」字（拆開為「艸」「禺」）而得。至於魯迅本名周樹人，與弟弟周作人、周建人三兄弟同享盛名，取名魯迅，是因母親姓魯之故；而「迅」字則有自勉之意。一如朱自清本名自華，因勉勵自己不同流俗而合污，後改名自清；又以性緩，而字佩弦，均有特殊的含意。

也有的筆名，是為了紀念或懷人的，像本名李堯棠的巴金，為了紀念在巴黎的沙多吉里小城認識的好友，而後來卻自殺的巴恩波，因而用他的第一個字。而本名徐嗣興的路翎，為了情人李露玲和好友兼情敵姚摘達，而取「露」的諧音，加上姚的筆名「彤翎」的「翎」字，成了「路翎」。只因為這兩個人是他終生難以忘懷的人。

另外女作家黃英似乎要隱去生命的某些東西，於是她以「不識廬山真面目，只緣身在此山中」，而取名「廬隱」。至於蕭紅、蕭軍都不是他們本來的姓名，那是取「小小紅軍」之意，於是原本名為張迺瑩、劉鴻霖的兩人，就從此改名換姓了。

中國人好取名號，自古已然。於是除了本名外，還有字、號、堂名。文人有筆名，藝人有藝名，連尼姑、和尚都有法號。他們初時或是為了新鮮、或是為了避人耳目等原因，但一旦他們成名後，本名就被人忘記了。於是當冰心、茅盾、李昂、小野被叫開後，一般的人

魯迅

們再也不知道，謝婉瑩、沈雁冰、施淑
端、李遠是何許人也了，其實他們已改
名換姓了。

冰心

第二十九章

文人與酒

在中國，文人與酒，早已結下不解之緣了。李白「斗酒詩百篇」，酒已成為誘發他藝術靈感的觸媒了。南社詩人柳亞子，「平日滴酒不飲，迨意興飆舉之時，則立飲數斗不倦。」嗜酒貪杯，原只為煥發詩情。

酒可煥發詩情，又可解憂。世事多艱，人生多舛，即使高歌猛進的激進知識份子，當夜深人靜之時，亦不免湧起風塵落拓之感。因此為了「澆愁」而「舉杯」，「安排濁酒消長夜，欲掘青天寄古愁。」於是，喝吧！讓「人與滄桑同一醉」吧！

除此之外，飲酒亦可用來避禍。魯迅在談到魏晉名士阮籍時，說：「不獨由於他的思想，大半倒在環境。其時司馬氏已想篡位，而阮籍聲名很大，所以他講話就極難，只好多飲酒，少講話，而且即使講話講錯了，也可以借醉得到別人的原諒。」在酩酊狀態之下，中國古代詩人被禮教束縛的心靈，有時能得到比較自由的馳騁，從而顯示出中國文學的一種彌足

附熱趨炎告未休甡標叛
慨助千秋誰山一夫終堪念
牛酩何人為汝謀
此二年前舊作也錄請
魯迅先生詩七
教正
一九三二年一月五手

柳亞子及其詩

珍貴的氣度──狂放。試想如果沒有酩酊狀態下的創作，中國文學將喪失多少光彩！

「酒人心膽壯，魑魅莫揶揄。」詩人有時借豪飲獲得膽量和信心，於是「右手把劍左把酒」，「醉向孤燈頻試劍，寒光倒射逼星晨。」引杯把劍而放歌，成了詩人慷慨激昂的創作境界。這不禁讓我們想起革命女俠秋瑾的「不惜千金買寶刀，貂襲換酒也堪豪」的悲壯詩句。

當然，「人生得意須盡歡，莫使金樽空對月。」歡樂之際，更少不了杜康。「烹羊宰牛且為樂，會須一飲三百杯。」「登高能賦尋常事，要挽銀河注酒杯。」詩人借著暢飲、豪飲、狂飲、醉飲，表現出尋求人生歡樂的欲望。酒仙李白又為這欲望，找到合理的藉口，他說：「天若不愛酒，酒是不在天。地若不愛酒，地應無酒泉。天地既愛酒，愛酒不愧天。」

而對於革命的詩人，命在旦夕，放膽文章拚命酒，及時行樂，原有他們不

得不然的情懷。觥籌交錯，壯懷激烈，
又增添他們的生命光彩。而「醉鄉萬悦
千歡地，何必桃源著意求。」，又表現
出另一類文人的「隱士」作風，當然它
還是離不開酒。

革命女俠─秋瑾

第三十章

絕響

一九九四年前後，因拍攝沈從文紀錄片，先後兩度訪問汪曾祺，一在北京蒲黃榆寓所、一在台北誠品敦南店。雖然在這之前，已讀過汪老的泰半作品，但在第一次見到這位名滿天下的大作家，感覺是那麼親切、那麼平凡，套句舒乙先生的形容是「一個和藹可親的天才小老頭！」。而更驚訝的是，這麼一位「一級作家」，卻住在窄而小的公寓裡，而安之若素。一如從反右到浩劫後的二十年間的「隨遇而安」。

汪老雖在四○年代初，走上文學創作之路，但卻到了一九八○年小說《受戒》問世後，才聲名鵲起的。「九葉派」詩人唐湜回憶，一九四七年秋，他在讀了汪曾祺的許多剪報和手稿之後，特地到上海致遠中學找到他，想為他的作品寫一篇像樣的評論，但汪曾祺卻謝絕了。他拿出一本《穆旦詩集》，對唐湜說：「你先讀這本詩集，先給穆旦寫一篇吧。詩人是寂寞的，千古如斯。」

「姐兒生得漂漂的，兩個奶子翹翹的，有心上去摸一把，心裡有點跳跳的。」極具生動而鮮活的話語，深得老師沈從文的真傳。臉上泛出神采飛揚的汪老說，「我不但是他的入室弟子，而且可以說是得意高徒，一般都說沈先生的言語很樸素，這種樸素是來自於雕琢，他的小說學只有一句話，總歸一句話，『貼著人物寫，緊貼著人物寫。』」沈派的獨門功夫，有人要花一輩子研究，寫成一本本厚厚的博士論文，但汪老卻一語道破其中的玄機。僅著一字，盡得風流。

一九九七年汪老卻突然撒手人間，究其原因和他酷愛喝酒有關，這不禁令人想到才高八斗的歷史小說家高陽，也因嗜酒而殞命的。「賣文換酒」，既可澆胸中塊壘；又可「斗酒詩百篇」，又何樂而不為呢？但也非每個作家都能為，要有如汪曾祺、高陽輩者，才能免於東施效顰！「文如其人」、「為文但有真性情」，該是汪老一生的寫照！

筆者訪問汪曾祺於北京寓所

記憶中他還是那樣，背有點駝，一雙炯炯有神的眼睛，說話風趣，身上常挾著酒罈，似乎只要是酒，他都能喝。酒後揮毫，不論討字的，索畫的，來者不拒。雖年逾七旬，但仍保有那真實和自在，一如既往。只是身影已遠去，「沈筆」成絕響！

《穆旦詩集》書影

汪曾祺在沈從文家（1985年）

汪曾祺（1996年）

《百年記憶》感謝圖片提供者

1. 梁啟超：吳荔明女士
2. 蕭　軍：蕭耘女士
3. 胡　風：曉風女士
4. 沈從文：沈虎雛先生
5. 老　舍：舒乙先生
6. 曹　禺：李玉茹女士
7. 孫大雨：孫佳始女士
8. 鄭振鐸：鄭爾康先生
9. 王世瑛：張筱艾女士
10. 巴　金：李小林女士
11. 臺靜農：臺益公先生
12. 卞之琳：青喬女士
13. 張充和：張充和女士
14. 艾　青：高瑛女士
15. 丁　玲：陳明先生
16. 柯　靈：陳國容女士
17. 徐　芳：徐芳女士
18. 魯　迅：周海嬰先生
19. 汪曾祺：汪曾祺先生

謹向這些傳主及其家屬致上最深的謝意，另外
提供圖片的出版社，亦一併致謝。

國家圖書館出版品預行編目

百年記憶－中國近現代文人心靈的探尋 / 蔡登山著.
-- 一版. -- 臺北市：秀威資訊科技, 2006[民95]
面 ; 公分. --（史地傳記；PC0004）

ISBN 978-986-7080-91-2（平裝）

1. 中國文學 – 傳記

782.248   95017671

史地傳記　PC0004

百年記憶—中國近現代文人心靈的探尋

作　　者／蔡登山
主　　編／蔡登山
發 行 人／宋政坤
執行編輯／林世玲
圖文排版／莊芯媚
封面設計／莊芯媚
數位轉譯／徐真玉、沈裕閔
□□□□□／林怡君
出版印製／秀威資訊科技股份有限公司
　　　　　台北市內湖區瑞光路583巷25號1樓
　　　　　電話：02-2657-9211　傳真：02-2657-9106
　　　　　E-mail：service@showwe.com.tw
經 銷 商／紅螞蟻圖書有限公司
　　　　　台北市內湖區舊宗路二段121巷28、32號4樓
　　　　　電話：02-2795-3656　傳真：02-2795-4100
　　　　　http://www.e-redant.com

2006 年 10 月　BOD 一版
2006 年 12 月　BOD 二版
定價：250元

讀者回函卡

感謝您購買本書，為提升服務品質，請填妥以下資料，將讀者回函卡直接寄回或傳真本公司，收到您的寶貴意見後，我們會收藏記錄及檢討，謝謝！如您需要了解本公司最新出版書目、購書優惠或企劃活動，歡迎您上網查詢或下載相關資料：http:// www.showwe.com.tw

您購買的書名：＿＿＿＿＿＿＿＿＿＿＿＿＿＿＿＿＿＿＿＿＿＿＿

出生日期：＿＿＿＿＿年＿＿＿＿＿月＿＿＿＿＿日

學歷：□高中 (含) 以下　　□大專　　□研究所 (含) 以上

職業：□製造業　□金融業　□資訊業　□軍警　□傳播業　□自由業
　　　□服務業　□公務員　□教職　　□學生　□家管　□其它＿＿＿＿

購書地點：□網路書店　□實體書店　□書展　□郵購　□贈閱　□其他

您從何得知本書的消息？

　□網路書店　□實體書店　□網路搜尋　□電子報　□書訊　□雜誌
　□傳播媒體　□親友推薦　□網站推薦　□部落格　□其他＿＿＿＿＿＿

您對本書的評價：(請填代號　1.非常滿意　2.滿意　3.尚可　4.再改進)

　封面設計＿＿＿　版面編排＿＿＿　內容＿＿＿　文／譯筆＿＿＿　價格＿＿＿

讀完書後您覺得：

□很有收穫　□有收穫　□收穫不多　□沒收穫

對我們的建議：＿＿＿＿＿＿＿＿＿＿＿＿＿＿＿＿＿＿＿＿＿＿＿

＿＿＿＿＿＿＿＿＿＿＿＿＿＿＿＿＿＿＿＿＿＿＿＿＿＿＿＿＿＿＿＿

＿＿＿＿＿＿＿＿＿＿＿＿＿＿＿＿＿＿＿＿＿＿＿＿＿＿＿＿＿＿＿＿

＿＿＿＿＿＿＿＿＿＿＿＿＿＿＿＿＿＿＿＿＿＿＿＿＿＿＿＿＿＿＿＿

11466
台北市內湖區瑞光路 76 巷 65 號 1 樓

秀威資訊科技股份有限公司　　　收

BOD 數位出版事業部

....

（請沿線對折寄回，謝謝！）

姓　　名：＿＿＿＿＿＿＿＿　年齡：＿＿＿＿　性別：□女　□男

郵遞區號：□□□□□

地　　址：＿＿＿＿＿＿＿＿＿＿＿＿＿＿＿＿＿＿＿

聯絡電話：(日)＿＿＿＿＿＿＿＿＿　(夜)＿＿＿＿＿＿＿＿＿

E - m a i l：＿＿＿＿＿＿＿＿＿＿＿＿＿＿＿＿＿